アクティブ・ラーニングをどう充実させるか
資質・能力を育てるパフォーマンス評価

編著　西岡 加名恵

明治図書

はじめに

2017年（予定）の学習指導要領改訂に向けて，「課題の発見・解決に向けた主体的・協働的な学び（いわゆる「アクティブ・ラーニング」）」（中央教育審議会初等中等教育分科会教育課程部会教育課程企画特別部会（第7期）「論点整理」2015年8月26日）や「『主体的・対話的で深い学び』，すなわち『アクティブ・ラーニング』の視点」（同教育課程部会「次期学習指導要領改訂等に向けたこれまでの審議のまとめ（報告）」2016年8月26日）を重視する方針が打ち出されています。

そうした中，アクティブ・ラーニングを導入するにあたって，評価をどのように改善すればよいのか，といった疑問の声を耳にします。本書は，そのような疑問にお答えすることをめざしたものです。具体的には，知識やスキルを使いこなす力を直接的に評価するようなパフォーマンス評価を，どのように活用できるのかを提案したいと考えています。

パフォーマンス評価の基盤には，「真正の評価」論の考え方があります。「真正の評価」論とは，テストのために特別に設定された状況ではなく，現実の状況を模写したりシミュレーションしたりした課題に取り組むことの重要性を強調するものです。「真正の評価」論に裏付けられたパフォーマンス評価を用いることで，学習者に学習していることの意義を伝えるとともに，現実的な課題解決のプロセスで必要になるような質の思考力や実践力を身に付けさせることが期待されます。

詳細は本文に譲りますが，ここで，評価をめぐってよく見られる三つの誤解をあらかじめ解いておきたいと思います。

第一の誤解は，「評価とは，評価方法と評価規準（基準）で完結するものだ」というものです。確かに，評価方法や評価規準（基準）を考えることは重要で

すが，「目標に準拠した評価」という言葉が示す通り，評価は目標に対応させて行われるものです。アクティブ・ラーニングを取り入れる場合も，まずはどのような目標をめざしているのかを明確にし，その上で評価方法や評価規準（基準）の検討を進めるべきでしょう。さらには評価を踏まえて，当初設定していた目標の妥当性を検証することも必要です。なお本書では，評価規準を段階的に具体化したものを，評価基準と呼んでいます。

第二の誤解は，「評価とは成績づけであり，指導の後で考えればよい」というものです。そうではありません。指導の前に学習者の興味・関心やレディネスを把握する診断的評価，指導の途中で学習の実態を把握し，指導を改善するために行う形成的評価，指導の締めくくりに到達点を総合的に把握する総括的評価——いずれもが重要な評価の機能です。とりわけ，評価を指導と学習の改善に活かすという視点が，「目標に準拠した評価」には不可欠です。

第三の誤解は，「評価は教師だけが行うものだ」というものです。確かに，教育実践の主体である教師がその改善を図るために評価することは，教育評価の第一義です。しかし，学習に取り組むのは，他でもない子ども・青年です。そこで，子ども・青年が評価に参加する機会を確保し，自己評価力を育てるという視点も求められます。さらには，教師と子ども・青年が対話する中で，時には当初設定していた目標が問い直される場面も生まれます。

本書では，このような教育評価の基本的な考え方を踏まえつつ，パフォーマンス評価の進め方について説明します。第1章では，「資質・能力」という目標の位置づけについて検討するとともに，パフォーマンス課題やルーブリック，検討会，ポートフォリオ評価法といった具体的な方法の要点を解説します。第2章では，各教科の「本質的な問い」やパフォーマンス課題を提案するとともに，実践例を踏まえつつ指導上の工夫を考えます。第3章では，探究的な学習や協働的な学習を評価する上でのポイントを検討します。

なお，本書で紹介している知見の大半は，学校現場で実践づくりに取り組んでおられる先生方から学んだものです。第2章では，各教科における「本質的な問い」やパフォーマンス課題の例を示した表を掲載しています。これは，京都大学大学院教育学研究科E. FORUMで取り組んできた共同研究プロジェクト「スタンダード作り」の成果である「E. FORUMスタンダード（第1次案）」(2014年)を下敷きに作成しています（http://e-forum.educ.kyoto-u. ac.jp/seika/ 参照）。また，第3章で紹介している事例は，「総合的な学習の時間」や課題研究などの実践づくりに関する共同研究や調査にご協力くださった先生方からご提供いただいたものです。紙面の限りにより，ご協力くださった先生方お一人ずつのお名前をあげることはできませんが，心より感謝申し上げます。

また，本書の出版にあたっては，企画から刊行にいたるまで明治図書の及川誠氏・西浦実夏氏から多大なご支援をいただきました。厚く御礼申し上げます。

なお，本書第2章については日本学術振興会科学研究費補助金基盤研究（B）「21世紀型コンピテンシー育成のためのカリキュラムと評価の開発」（課題番号：26285175，平成26～30年度，研究代表者：矢野智司），第3章については日本学術振興会科学研究費補助金基盤研究（B）「パフォーマンス評価を活かした教師の力量向上プログラムの開発」（課題番号：25285210，平成25～29年度，研究代表者：西岡加名恵）の助成を受けた研究の成果を踏まえたものです。ここに記して感謝いたします。

2016年8月31日

西岡加名恵

目 次

はじめに 2

第1章 アクティブ・ラーニングの充実をどう図るか
―今こそ，パフォーマンス評価を！

アクティブ・ラーニング充実のためのポイント 12

1 アクティブ・ラーニングの可能性と課題 12
2 カリキュラムの「逆向き設計」 13
3 目標の明確化―「資質・能力」の三つの柱 15
4 様々な評価方法の活用 19

パフォーマンス課題とルーブリックの作り方，ポートフォリオ評価法の進め方 22

1 パフォーマンス課題の作り方 22

　(1) 単元の中核に位置する重点目標に見当をつける
　(2) 「本質的な問い」を明確にする
　(3) パフォーマンス課題のシナリオを作る

2 ルーブリックの作り方 26

　(1) ルーブリックとは何か
　(2) 特定課題ルーブリックの作り方
　(3) 長期的ルーブリックと学力評価計画

3 ポートフォリオ評価法 30

　(1) ポートフォリオとは何か
　(2) ポートフォリオの設計
　(3) 指導上のポイント

第2章 教科教育における
アクティブ・ラーニングの位置づけ方
―「本質的な問い」とパフォーマンス課題の活用

国語科アクティブ・ラーニング
―パフォーマンス課題を活用した授業＆評価モデル 34

1　国語科におけるアクティブ・ラーニング　34
2　国語科における「本質的な問い」とパフォーマンス課題　35
3　パフォーマンス課題を取り入れた授業モデル　38
　（1）小学校5年「これからの自分を探そう～生き方を読む～」
　（2）高等学校1年「コンビニ出店企画を伝えよう」
4　まとめと今後の展望　41

社会科アクティブ・ラーニング
―パフォーマンス課題を活用した授業＆評価モデル 42

1　社会科におけるアクティブ・ラーニング　42
2　社会科における「本質的な問い」とパフォーマンス課題　43
3　パフォーマンス課題を取り入れた授業モデル　46
　（1）小学校3年「コミュニティバス」
　（2）中学地理「地域の意志決定」
4　まとめと今後の展望　49

3 算数・数学科アクティブ・ラーニング
―パフォーマンス課題を活用した授業&評価モデル　50

1 算数・数学科におけるアクティブ・ラーニング　50

2 算数・数学科における「本質的な問い」とパフォーマンス課題　51

3 パフォーマンス課題を取り入れた授業モデル　54

(1) 中学校2年「一次関数」
(2) 小学校2年「三角形と四角形」

4 まとめと今後の展望　57

4 理科アクティブ・ラーニング
―パフォーマンス課題を活用した授業&評価モデル　58

1 理科におけるアクティブ・ラーニング　58

2 理科における「本質的な問い」とパフォーマンス課題　59

3 パフォーマンス課題を取り入れた授業モデル　62

(1) 小学校6年「ものの燃え方」
(2) 中学校1年「いろいろな物質」

4 まとめと今後の展望　65

5 音楽科・美術科アクティブ・ラーニング
―パフォーマンス課題を活用した授業&評価モデル　66

1 音楽科・美術科におけるアクティブ・ラーニング　66

2 音楽科・美術科における「本質的な問い」とパフォーマンス課題　67

3 パフォーマンス課題を取り入れた授業モデル　70

(1) 小学校4年「様子や気分を思い浮かべて」
(2) 中学校1年「情景と曲想の変化のかかわり」

4 まとめと今後の展望　75

6 技術・家庭科アクティブ・ラーニング
―パフォーマンス課題を活用した授業＆評価モデル　76

1. 技術・家庭科におけるアクティブ・ラーニング　76
2. 技術科，家庭科における「本質的な問い」とパフォーマンス課題　77
3. パフォーマンス課題を取り入れた授業モデル　80
   - （1）技術科「未来の自動車と環境対策」
   - （2）家庭科「ホームプロジェクトと学校家庭クラブ活動」
4. まとめと今後の展望　83

7 体育科アクティブ・ラーニング
―パフォーマンス課題を活用した授業＆評価モデル　84

1. 体育科におけるアクティブ・ラーニング　84
2. 体育科における「本質的な問い」とパフォーマンス課題　85
3. パフォーマンス課題を取り入れた授業モデル　88
   - （1）小学校5年「フラッグフットボール」
   - （2）中学校・走り幅跳び「こんにちは！ パウエル君」
4. まとめと今後の展望　90

8 英語科アクティブ・ラーニング
―パフォーマンス課題を活用した授業＆評価モデル　92

1. 英語科におけるアクティブ・ラーニング　92
2. 英語科における「本質的な問い」とパフォーマンス課題　93
3. パフォーマンス課題を取り入れた授業モデル　96
   - （1）中学校3年「現在完了形」
   - （2）中学校「話すこと」
4. まとめと今後の展望　99

第3章 探究的な学習と協働的な学習における評価
—ルーブリック，検討会，ポートフォリオの活用

「学びに向かう力」を育てるカリキュラム
—探究的な学習をどう位置づけるか 102

1. 「学びに向かう力」は「学ぶべき問いを見出す力」 102
2. 探究的な学習のカリキュラムの実践例 106
   - （1） 和光鶴川小学校の総合学習
   - （2） 堀川高校の「探究基礎」

探究的な学習の評価のポイント 110

1. 探究的な学習の評価を構想する視点 110
   - （1） どのような評価方法を用いるのか
   - （2） いつ評価を実施するのか
   - （3） どのような規準（基準）で評価するのか
2. 探究的な学習を評価する基準の設定 112
3. まとめ 119

評価を生かした指導のあり方
—検討会に焦点を合わせて 120

1. 探究的な学習を指導する難しさ 120
2. 問いを設定する段階における指導 121
3. 調べ活動を行う段階における指導 123
4. 活動の成果を発表する段階における指導 125
5. まとめ 126

4 協働的な学習の評価のポイント　128

1　協働的な学習の何を評価するのか　128

（1）協働の目的を明確化する
（2）協働の成果物を評価する（プロダクト評価）
（3）協働の過程を評価する（プロセス評価）

2　協働的な学習を誰が評価するのか　132

（1）教師が評価する
（2）仲間が評価する（相互評価）
（3）自身が評価する（自己評価）

3　まとめ　135

5 ポートフォリオ評価法の進め方　136

1　ポートフォリオ評価法をどのように行うか　136

2　ポートフォリオの設計段階　137

3　ポートフォリオの実践段階　138

（1）学習者に対する事前の説明
（2）蓄積した内容物の編集
（3）検討会の実施

4　ポートフォリオ評価法を活用する場面の広がり　142

第1章
アクティブ・ラーニングの充実をどう図るか
―今こそ，パフォーマンス評価を！

グループで課題に取り組む子どもたち
（香川大学教育学部附属高松小学校　山本明伸先生提供）

　2017年（予定）の学習指導要領改訂に向けて，アクティブ・ラーニングが衆目を集めています。アクティブ・ラーニングについては，学習内容についての深い理解をもたらすとともに，汎用的なスキルといった「資質・能力」を育成する効果が期待されています。しかし，主体的・協働的な活動を重視すれば，必ず深い理解がもたらされるとは限りません。活動はあっても，深まりが生まれない危惧もあります。

　そこで本章では，「主体的な学び」「対話的な学び」と「深い学び」を両立させるためのポイントを確認します。具体的には，「逆向き設計」論にもとづいてパフォーマンス評価を取り入れることを提案したいと思います。

Active learning

1 アクティブ・ラーニング充実のためのポイント

1 アクティブ・ラーニングの可能性と課題

　現在（2016年8月），次の学習指導要領改訂に向けての議論が進められています。「初等中等教育における教育課程の基準等の在り方について（諮問）」（2014年11月）を受けて，中央教育審議会初等中等教育分科会教育課程部会では「これからの時代を，自立した人間として多様な他者と協働しながら創造的に生きていくために必要な資質・能力の育成に向けた教育目標・内容の改善」や，「課題の発見・解決に向けて主体的・協働的に学ぶ（いわゆる「アクティブ・ラーニング」）の充実」に向けた検討が始められました（教育課程企画特別部会（第7期）第1回配布資料より）。

　「資質・能力」としては，問題解決・論理的思考・コミュニケーションといった汎用的スキルや，メタ認知が注目されています。その背景には，2000年前後から国内外においてコンピテンシーや21世紀型スキルが議論されるようになったことがあります（松尾知明『21世紀型スキルとは何か』明石書店，2015年；松下佳代編著『〈新しい能力〉は教育を変えるか』ミネルヴァ書房，2010年）。そこでは，グローバル化やICT技術の革新といった変化の激しい現代を生き抜く力の育成がめざされていると言えるでしょう。

　さて，アクティブ・ラーニングは，2000年代に入ってから日本の大学教育において注目されるようになったキーワードです。学術的には，「一方的な知識伝達型講義を聴くという（受動的）学習を乗り越える意味での，あらゆる能動的な学習のこと。能動的な学習には，書く・話す・発表するなどの活動への関与と，そこで生じる認知プロセスの外化を伴う」ものとして定義されています（溝上慎一『アクティブラーニングと教授学習パラダイムの転換』東信堂，

2014年)。旧来であれば教員の一方向的な講義において、学生は受動的な学習をするにとどまっていたのに対し、アクティブ・ラーニングであれば学習に関わる活動に学生が主体的に参加することになります。その中で、汎用的スキル等の「資質・能力」を育成することも期待されているのです。

一方で、アクティブ・ラーニングについては、いくつかの懸念も指摘されています。そのうちの一つは、指導法を一定の型にはめるものとなるという点です。そこで政策的には「アクティブ・ラーニング」について、指導方法を見直すための視点として位置づけ、その内実を「主体的な学び」「対話的な学び」「深い学び」の三つに整理するという判断が採られるに至っています（教育課程企画特別部会「次期学習指導要領改訂等に向けたこれまでの審議のまとめ（報告）」2016年8月。以下、「審議のまとめ（報告）」）。

しかしながら、現実的にはアクティブ・ラーニングが、書く、話す、発表するといった活動を取り入れるものとして理解されることが大半でしょう。その際、アクティブ・ラーニングにおいては、知識（内容）と活動が乖離しかねない、という問題点が指摘されています（松下佳代「ディープ・アクティブラーニングへの誘い」松下佳代・京都大学高等教育研究開発推進センター編著『ディープ・アクティブラーニング』勁草書房、2015年、p.5）。主体性や対話を強調しつつ「深い学び」とどう両立するのか、つまり "はいまわるアクティブ・ラーニング" となる危険性をどう回避するのかが問われています。

2 カリキュラムの「逆向き設計」

本書では、アクティブ・ラーニングの充実を図る上で鍵となるものとして、「逆向き設計」論の発想を取り入れることを提案します。「逆向き設計」論とは、ウィギンズ（G. Wiggins）とマクタイ（J. McTighe）が、『理解をもたらすカリキュラム設計（*Understanding by Design*）』（ASCD、1998年／2005年；増補第2版の西岡加名恵訳、日本標準、2012年）という著書の中で提唱しているカリキュラム設計論です。

「逆向き設計」論では、単元設計（「ミクロな設計」）ならびに年間指導計画

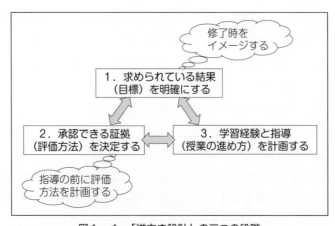

図1−1 「逆向き設計」の三つの段階
（前掲『理解をもたらすカリキュラム設計』p.22の図をもとに筆者作成）

やカリキュラム全体の設計（「**マクロな設計**」）を行う際に，「求められている結果（目標）」「承認できる証拠（評価方法）」「学習経験と指導（授業の進め方）」を三位一体のものとして考えることが提唱されています。「逆向き」と呼ばれるのは，教育によって最終的（単元末・学年末・卒業時など）にもたらされる結果から遡って教育を設計することを主張している点，また通常，指導が終わった後で考えられがちな評価方法を指導の前に構想することを提案している点からです。アクティブ・ラーニングは，「逆向き設計」論の三つの段階（図1−1）のうち，「学習経験と指導」に位置する概念と言えます。

　日本においても，2001年改訂指導要録で「目標に準拠した評価」が全面的に導入されて以来，指導の前に目標と評価規準を明確にし，それに照らして学習の実態をとらえる評価を行い，評価結果を活かして指導の改善を図るという取り組みが進んでいます。しかしながら，「逆向き設計」論は，評価規準だけではなく評価方法を明確にしておくことを指摘している点で，さらに一歩前に進むものとなっています。

　ウィギンズらの「逆向き設計」論自体は，教科のカリキュラム設計のために提案されたものです。しかしながら，目標と評価方法を明確にした上で学習経

験や指導方法を考えるという発想自体は，カリキュラム設計全体に適用できることでしょう。

3 目標の明確化──「資質・能力」の三つの柱

では，現在，アクティブ・ラーニングは，どのような目標をめざして取り入れることが主張されているのでしょうか。

「審議のまとめ（報告）」では，育成すべき「資質・能力」を「ⅰ）何を理解しているか，何ができるか（知識・技能）」，「ⅱ）理解していること・できることをどう使うか（思考力・判断力・表現力等）」，「ⅲ）どのように社会・世界と関わり，よりよい人生を送るか（学びに向かう力，人間性等）」という「三つの柱」でとらえることが提案されています（図1－2）。

これらの三つの柱の内実をとらえやすくするために，次ページ表1－1にい

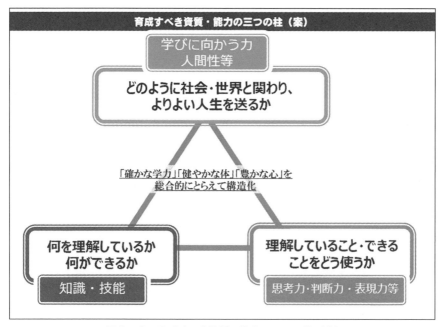

図1－2　育成すべき資質・能力の三つの柱（案）
（「審議のまとめ（報告）」の補足資料（1）p.7）

くつかの問題や課題の例を並べてみました。（a）の問題は，単純に「at home」というフレーズを覚えていて再生できるかどうかを試すものです。（b）は，When 節や時制などの文法事項を使いこなせるかをみるものとなっています。（c）の課題では，旅行会社において世界遺産の旅行プランを提案するという状況設定においては，自分の持っている知識やスキルを総動員して作品を作ることが求められています。（a）（b）（c）はいずれも英語の問題・課題ですが，（a）から（c）に進むにしたがって，より総合的に知識やスキルを使いこなす力が求められていることがうかがわれます。

（d）は，自ら課題を設定し，調査・企画・発信するという課題になってい

▍表1−1 問題や課題の例

（a）　（　　）内に適語を補って言いなさい。 　　　They made me feel（　　）home.
（b）　次の日本語を英語に訳しなさい。 　　　私がその部屋に入ったときには，先生はすでに授業を始めていた。 　　　_____.
（c）　あなたは SNB Travel（株）の新入社員です。4月の入社から様々な研修を重ねてきた今，新入社員全員に約半年の成果を発表する機会が設けられることになりました。内容は以下の通り。世界に数ある世界遺産の中から最も魅力的だと自分が思うものを1つ選びだし，①具体的特徴，②見どころやおすすめプラン（おすすめする理由）等を含む内容を150語（約1分30秒）の長さの英文で発表してください。SNB Travel（株）を世界中の人に利用される会社に育てられる，若きリーダーの出現を期待しています。
（d）　地域の人々がより幸せに暮らせるための企画を考えます。地域の特色や課題についてフィールドワークで調査したうえで，グループで企画を考え，提案してください。また，その企画を地域に住む外国人にも紹介するための，英文リーフレットを作成してください。

（（a）*Crown: English Communication I*（三省堂，2012年検定版）より引用。（b）同上書を参考に筆者作成。（c）京都府立園部高等学校の竹村有紀子先生の実践。（d）金沢大学人間社会学域学校教育学類附属高等学校の実践を踏まえて，筆者作成。山本吉次「SGH と探究学習の実践」E. FORUM 教師力アップ研修「探究力をどう育成するか」2015年3月28日，http://ocw.kyoto-u.ac.jp/ja/opencourse/92/videos 参照）

ます。地域の特色をとらえる地理の力や英文リーフレットを作る英語力のほか，コミュニケーション力やチームワーク，企画力などが総合的に試される課題となっていることがお分かりいただけるでしょう。すなわち，教科の枠にとどまらない探究力が求められる課題となっています。（d）は，「総合的な学習の時間（以下，総合学習）」で生徒たちが取り組んだ課題を下敷きにして筆者が課題文を作ったものです。

　これら四つの問題や課題を念頭におくと，「何を理解しているか，何ができるか（知識・技能）」が問題（a）や（b），「理解していること・できることをどう使うか（思考力・判断力・表現力等）」が課題（c），「どのように社会・世界と関わり，よりよい人生を送るか（学びに向かう力，人間性等）」が課題（d）に対応する，と解釈することができます。課題（c）に取り組むにあたっては，下書きをして相互に検討する，予行練習をする，発表するといったアクティブな活動を取り入れるのが効果的でしょう。さらに課題（d）になれば，フィールドワークなど，さらに活動の幅が広がります。

　このようなイメージを念頭におくと，アクティブ・ラーニングについては，教科や総合学習といった領域の特性に応じて取り入れることが重要だということが分かります。教科については，教科の中核に位置づく重要な概念やプロセスを使いこなして思考・判断することを求めるような深いレベルでの知的問題解決に取り組む課題を設計することが有効でしょう。一方，総合学習においては，学習者自身が課題を設定し，情報を収集・整理・分析し，明らかになったことをまとめ・表現して，そこからまた新たな課題を見つける，という「問題解決のサイクル」を繰り返すような探究的な学習が行われます（次ページ図1－3）。

　より効果的なカリキュラムをつくるためには，教科と総合学習の相互環流を実現することも重要です。教科で身に付けた概念やプロセスを総合学習で活用する，総合学習での探究に必要な概念やプロセスを教科で身に付けさせる，といった構想が求められます。重要な概念やプロセスについては，カリキュラム

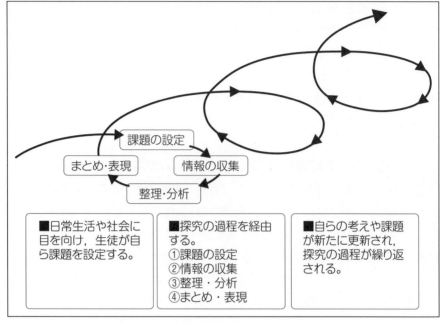

図1-3 探究的な学習における学習の姿
(「学習指導要領解説 総合的な学習の時間」2008年より)

横断・縦断で評価する発想も有意義でしょう。特別活動で自治的な活動に取り組むことも重要な意味を持ちます。

　なお，近年では，スーパーサイエンスハイスクール(SSH)やスーパーグローバルハイスクール(SGH)など高等学校においても，様々な探究的な学習が行われています。そこでは，理科の課題研究など，教科の枠内での探究的な学習も見受けられます。そこで，通常の教科における学習と探究的な学習で，どのように目標や評価規準が設定されるのか，またそれらを実現するために，どのような指導や学習活動，評価方法が有効なのかを明らかにしていく必要があるでしょう。

4 様々な評価方法の活用

　ここで，学力評価の方法を概観しておきましょう。図1－4には，現在までに登場している様々な学力評価の方法を分類しています。ここには，評価方法を単純なものから複雑なものへと並べるとともに，左側に「筆記による評価」，右側に「実演による評価」を示すという形で整理しています。

　「筆記による評価」で最も単純なものが「選択回答式（客観テスト式）の問

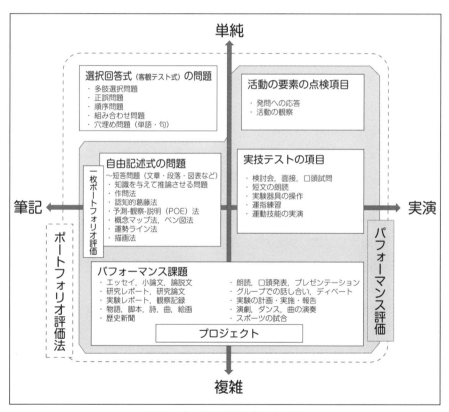

図1－4　学力評価の様々な方法
(西岡加名恵『教科と総合学習のカリキュラム設計――パフォーマンス評価をどう活かすか』図書文化，2016年，p.83)

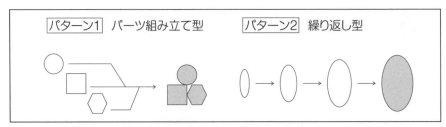

図1−5　パフォーマンス課題の位置づけ
(西岡加名恵「『逆向き設計』とは何か」西岡加名恵編著『「逆向き設計」で確かな学力を保障する』明治図書，2008年，p.12)

題」です。「筆記による評価」でやや複雑なものは，「自由記述式の問題」です。

　さらに複雑になると，レポートやリーフレットなど，まとまった作品を求める課題となります。これを，「パフォーマンス課題」と言います。**パフォーマンス課題**とは，様々な知識やスキルを総合して使いこなすことを求めるような複雑な課題を言います。

　パフォーマンス課題には，実演を求めるものもあります。たとえば，プレゼンテーションや実験の実施を求める課題などが考えられます。リアルな状況の中で与えられる課題は，真正のパフォーマンス課題となります。パフォーマンス課題は多くの場合，図1−5の網かけに示したように，単元で学んだ要素（パーツ）を総合して取り組んだり，同じ課題に繰り返し取り組んでレベルアップを図ったり，といった形で取り組む「まとめの課題」として単元の中に位置づけられると考えられます。

　さて「実演による評価」のうち，より単純なものは「実技テストの項目」です。理科を例にとると，一連の実験を計画・実施し，報告することを求めるのはパフォーマンス課題，一定時間内に早く正確にガスバーナーを操作することを求めるのは実技テストと言えます。さらに単純になると，発問への応答を確認したり，評価活動の中でチェックリストに沿って活動の諸要素を点検したりといった評価方法が考えられます。

　パフォーマンス評価とは，知識やスキルを状況において使いこなすことを求

めるような評価方法の総称です。「客観テスト」で測れる学力は限定的なものであるという批判を基盤として登場した用語であるため，図1－4では「客観テスト」以外の評価方法をすべて含むものとして示しています。

　なお，**ポートフォリオ評価法**とは，ポートフォリオづくりを通して，子ども・青年が自らの学習のあり方について自己評価することを促すとともに，教師も子ども・青年の学習活動と自らの教育活動を評価するアプローチです。ポートフォリオとは，子ども・青年の作品（work）や自己評価の記録，教師の指導と評価の記録などをファイルや箱など系統的に蓄積していくものを意味しています（西岡加名恵『教科と総合に活かすポートフォリオ評価法』図書文化，2003年）。

　アクティブ・ラーニングを取り入れるにあたっては，領域ごとの目標を明確に設定し，それらの目標に適切に対応する評価方法を組み合わせつつ用いることが重要と言えます。先の「審議のまとめ（報告）」の中でも，「資質・能力のバランスのとれた学習評価を行っていくためには，指導と評価の一体化を図る中で，論述やレポートの作成，発表，グループでの話合い，作品の制作等といった多様な活動に取り組ませるパフォーマンス評価を取り入れ，ペーパーテストの結果にとどまらない，多面的・多角的な評価を行っていくことが必要である」と述べられています。

　以上のことから本書では，アクティブ・ラーニングを効果的に取り入れるために，教科においてパフォーマンス課題を用いることを提案しています。そこで，次節ではパフォーマンス課題と，その評価基準として用いられるルーブリックについて説明します。また，ポートフォリオ評価法の基本的な進め方についても確認します。

　さらに第2章では，各教科について，パフォーマンス課題の実践例を紹介します。また第3章では，探究的な学習や協同的な学習に焦点をあわせ，そのカリキュラムや評価，指導のあり方について提案します。

（西岡加名恵）

2 パフォーマンス課題と ルーブリックの作り方, ポートフォリオ評価法の進め方

1 パフォーマンス課題の作り方

　本節では,「逆向き設計」論にもとづくパフォーマンス課題の作り方について,紹介しましょう。ここでは,国語科を例に説明します。

(1) 単元の中核に位置する重点目標に見当をつける

　パフォーマンス課題を用いるにあたっては,まずパフォーマンス課題に適した単元を設定することが求められます。すべての単元で,パフォーマンス課題を用いる必要はないので,様々な知識やスキルを総合してレポートなどの作品を作ったりプレゼンなどの実演に取り組ませたりするのに適した単元を選定することが重要となります。

　その上で,単元全体で達成させるべき重点目標は何かと考えます。「逆向き設計」論では,次ページ図1-6の左側のように「知の構造」がとらえられています。まず最も低次には「事実的知識」と「個別的スキル」が存在しています。国語科でいえば,たとえば作品名や著者名といった知識,段落の内容を把握するといったスキルなどが考えられます。これらはもちろん知っておく価値がありますが,それだけで現実的な状況の中で使いこなせる力となるとは限りません。より重要な知識・スキルとして,「転移可能な概念」や「複雑なプロセス」があります。たとえば,「目的」「相手」「ジャンル」といった概念,「要約する」「互いの発言を関連づける」といったプロセスが考えられるでしょう。さらに,それらの概念やプロセスを総合して理解しておくべき「原理や一般化」があります。たとえば,「文章を読み取るには,段落ごとに要点を把握するとともに,文章全体の構造をとらえることが有効である」,「グループでうま

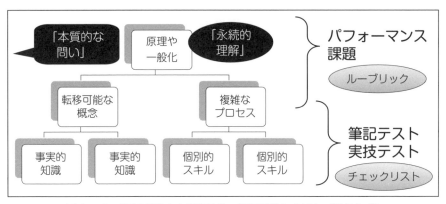

図1-6 「知の構造」と評価方法・評価基準との対応(筆者作成)

く話し合うためには,全員が発言できるように促し合うことが重要である」といった理解が考えられるでしょう。パフォーマンス課題については,このような**「原理や一般化」についての「永続的理解」**という重点目標に対応させて考案することが有効です。

なお,「審議のまとめ(報告)」で提案されている評価の観点に照らすと,「事実的知識」「転移可能な概念」「個別的スキル」「複雑なプロセス」が観点「知識・技能」,「原理や一般化」についての「永続的理解」が観点「思考・判断・表現」に対応するものとしてとらえることができるでしょう。

(2) 「本質的な問い」を明確にする

しかし,単元の中核に位置する「原理や一般化」を見極めるのは,容易ではありません。そこで,「本質的な問い」を明確にしておくことが有効です。**「本質的な問い」**は,学問の中核に位置する問いであると同時に,生活との関連から「だから何なのか?」が見えてくるような問いでもあります。通常,一問一答では答えられないような問いであり,論争的で探究を触発するような問いです。「本質的な問い」を問うことで,個々の知識やスキルが関連づけられ総合されて「永続的理解」へと至ることができます。「〜とは何か?」と概念理解

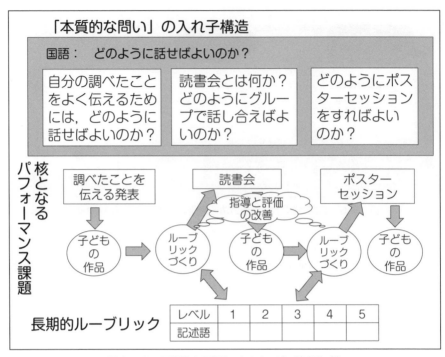

図1-7 長期的な見通し（イメージ，筆者作成）

の表出を求めたり，「～するには，どうすればよいか？」と方法論を尋ねたりする問いが，「本質的な問い」となる場合が多いことでしょう。

　「本質的な問い」は，カリキュラムにおいて入れ子状に存在しています（図1-7の上半分）。「どのように話せばよいのか？」「どのように書けばよいのか？」といった問いは**包括的**「**本質的な問い**」ですが，単元の指導にあたっては，単元の具体的な教材に即してより具体的な**単元ごとの**「**本質的な問い**」を設定することが求められます。たとえば，「自分の調べたことをよく伝えるためには，どのように話せばよいのか？」「読書会とは何か？　どのようにグループで話し合えばよいのか？」といった問いが考えられます。

　「逆向き設計」論においては，単元設計（「**ミクロな設計**」）とより長期的な

指導計画（「マクロな設計」）とを往復させながら，カリキュラム全体の改善を図るという発想が採られています。「思考力・判断力・表現力」「学びに向かう力」などは，一朝一夕に育てられるようなものではありません。複数の単元を関連づけつつ，長期的に育成をはかるような「マクロな設計」が重要と言えるでしょう。

（3）パフォーマンス課題のシナリオを作る

　最後に，単元の「本質的な問い」を学習者自身が問わざるを得ないようなシナリオを設定して，パフォーマンス課題を考案します。「逆向き設計」論では，表1－2に示した六つの要素（GRASPSと略記される）を考えるとよいと提案されています（「なやんだナ，アァそうか」は，筆者が日本語に翻案したものです）。

　六つの要素を考えた上で，それらを織り込みつつ課題文を整えます。学校現場では，次ページ表1－3のような課題が開発された例があります。単元末のまとめの課題として，このようなパフォーマンス課題を位置づけると，それまでの授業では，課題に取り組むのに必要な力の要素を指導していったり，繰り返し練習させてレベルアップを図ったりすることになるでしょう（図1－5 (p.20) 参照）。

▌表1－2　パフォーマンス課題のシナリオに織り込む6要素

な―何がパフォーマンスの目的（Goal）か？
やん―（学習者が担う，またはシミュレーションする）役割（Role）は何か？
だナ―誰が相手（Audience）か？
アア
そ―想定されている状況（Situation）は？
う―生み出すべき作品（完成作品・実演：Product, Performance）は何か？
か―（評価の）観点（成功のスタンダードや規準：Standards and criteria for success）は？

(McTighe, J. & Wiggins, G., *Understanding by Design: Professional Development Workbook*, ASCD, 2004, p.171を参照して筆者作成)

表1−3　パフォーマンス課題の例（国語科）

① 「読書会」 グループに分かれて，読書会をします。物語を読み，「じっくり考えてみたいなあ」と思ったり，「友達と話し合ってみたいなあ」と思ったことについて，20分程度，話し合いをしましょう。お互いの発言を生かし合って，読みを深めるような話し合いにしましょう。（宮本浩子先生）

② 「わが町ビフォーアフタープロジェクト」 あなたたちは，この町の役場の人です。この町を誰もが暮らしやすい町にするために2週間後に，「わが町ビフォーアフタープロジェクト」を立ち上げることになりました。この町で多くの人が困っていると思われる場所をどのように改善できるか，ポスターセッションをした中で一番理解が得られた提案をプロジェクトの企画案にします。現状写真と改善デザイン画を提示しながら，自分の提案について町の人に理解が得られるようにアピールしてください。（足立素子先生）

（①宮本浩子「6年生の国語科単元『生きる姿を見つめて〜読書会をしよう〜』」宮本浩子・西岡加名恵・世羅博昭『総合と教科の確かな学力を育むポートフォリオ評価法　実践編』日本標準，2004年を踏まえて筆者作成。②八田幸恵「E. FORUM スタンダード（第1次案）」http://e-forum.educ.kyoto-u.ac.jp/seika/ より引用）

2　ルーブリックの作り方

（1）　ルーブリックとは何か

このような課題を取り入れる際に，恐らく多くの先生方が不安に思われるのが，採点しにくいという点でしょう。パフォーマンス課題で生み出された作品（完成作品や実演）については，様々な知識やスキルを総合するものであるため，○か×かで採点することができません。そこで，採点指針として，ルーブリックが用いられます。ルーブリックとは，成功の度合いを示す数レベル程度の尺度と，それぞれのレベルに対応するパフォーマンスの特徴を記した記述語から成る評価基準表です。

（2）　特定課題ルーブリックの作り方

特定課題ルーブリックについては，たとえば5段階のレベル別に該当する作

第1章　アクティブ・ラーニングの充実をどう図るか　27

┃表1－4　特定課題ルーブリックの作り方

① パフォーマンス課題を実施し，学習者の作品を集める。

② パッと見た印象で，「5　すばらしい」「4　良い」「3　合格」「2　もう一歩」「1　かなりの改善が必要」という五つのレベルで採点する。複数名で採点する場合はお互いの採点が分からないように工夫する（たとえば，筆記による作品の場合は，評点を付箋紙に書き，作品の裏に貼り付ける）。

③ 全員が採点し終わったら，付箋紙を作品の表に貼り直し，レベル別に作品群に分ける。それぞれのレベルに対応する作品群について，どのような特徴が見られるのかを読み取り，話し合いながら記述語を作成する。

④ 一通りの記述語ができたら，評価が分かれた作品について検討し，それらの作品についても的確に評価できるように記述語を練り直す。

⑤ 必要に応じて評価の観点を分けて，観点別ルーブリックにする。

（前掲『教科と総合学習のカリキュラム設計』p.103参照）

品番号と記述語を書き込めるような表形式のテンプレートを用意した上で，表1－4のような手順で作ることができます。表1－4の手順でルーブリックを作った場合，各レベルに対応する典型的な作品例（これを「アンカー作品」と言います）を整理することができます。ルーブリックには，そのようなアンカー作品を添付しておくと，各レベルで求められているパフォーマンスの特徴をより明確に示すことができます。

　このような手順でルーブリックづくりに取り組めば，評価基準が明確になり，教員間で共通理解をすることができます。子どもの理解の深まりやつまずきなどについても，明瞭にとらえることができます。そのような学習の実態を踏まえつつ，指導の改善を図っていくことが重要です。

　なお，ルーブリックの記述語には，規準と徴候が示される場合もあります。徴候とは，規準を満たすパフォーマンスに見られる典型的な行動や形跡です。たとえば，「人をひきつけるような話し方ができる」という規準に対応する徴候は，「アイ・コンタクトを取る」「ユーモアを用いる」といったものです。徴候を示すことは，規準の内実を明瞭にする上で有意義です。ただし，示された

▌表1−5　課題「グループでの話し合い」を評価するルーブリック
（ここではレベル2と4を省略している）

レベル	記述語
5 素晴らしい	生き生きと話し合いに参加し，積極的に意見を述べている。互いの意見を関連づけて意見を述べたり，疑問に思ったことを投げ返したりしながら，話し合いを深めようとしている。話し合いのメンバーにも配慮することができ，発言を促したり，声をかけたりするなど，司会者的な役割を果たしている。話し合いの中で，自分の考えが深まっていく楽しさを自覚している。
3 合格	20分程度の話し合いを続け，言うべき時には意見を述べることができる。相手の発言に関心をもって聞き，質問したり感想を述べたりして，相手の発言に関わっている。
1 かなりの 改善が必要	話し合いの場に座って友達の話を聞いているが，友達の発言に反応したり，自分から発言したりしていない。

（前掲「6年生の国語科単元『生きる姿を見つめて〜読書会をしよう〜』」p.123を踏まえて作成）

徴候が見られないからといって規準が満たされていないとは限らない点に注意が必要です。

　なお，観点別ルーブリックでいう観点は，「プレゼンテーションの内容」と「話し方」など，課題の特質に応じて設定することが重要です。指導要録の観点の設定の仕方とは異なる点にご注意ください。

（3）　長期的ルーブリックと学力評価計画

　このように，包括的な「本質的な問い」に対応させると，類似のパフォーマンス課題を繰り返し与えるカリキュラムを構想することができます。また，特定課題ルーブリックの記述語の抽象度を上げると，そのような類似の課題については同じルーブリックで評価できます。そのようなルーブリックを，**長期的ルーブリック**と言います（図1−7（p.24））。

第1章　アクティブ・ラーニングの充実をどう図るか　29

表1－6　学力評価計画の立て方（筆者作成）

評価の観点	評価方法	単元1	単元2	…	単元x	評価基準				
						1	2	3	4	5
思考・判断・表現	パフォーマンス課題		◎							
知識・技能	筆記テスト，実技テスト	○	○		○					

どの単元でどの評価方法を用いるかを決める。

長期的ルーブリックに照らして到達レベルを評価する。

チェックリストを作成し，達成率を評価する。

どの観点に対応して，どの評価方法を用いるかを明示する。

　たとえば，「どのように話せばよいのか？」という包括的な「本質的な問い」に対応させては，調べたことを伝える発表，読書会，ポスターセッションなど，話す課題を繰り返し話させながら，話すことに関する理解を深めていくことができます（図1－7（p.24））。

　このような長期的ルーブリックの発想を取り入れると，年間指導計画については，表1－6のように立てることができます。まず指導要録の各観点に対応させて，どのような評価方法を用いるのかを明確にします。先述の評価の観点に照らせば，観点「思考・判断・表現」についてはパフォーマンス課題，観点「知識・技能」は筆記テストと実技テストで評価するというのが，一例として考えられます。

　次に，どの評価方法をどの単元で用いるかを決めます。表の右側には，長期的ルーブリックかチェックリストの形で評価基準を示します。特にパフォーマンス課題を用いる場合，繰り返し類似の課題を与えて一貫した長期的ルーブリックを用いて評価すれば，単元を超えて子ども・青年の成長をとらえることができます。そのような場合には，到達したレベルをもとに成績を付けることができるでしょう。一方，筆記テストや実技テストを用いて観点「知識・技能」を評価するのであれば，評価項目を並べたチェックリストに照らしてテストを作成し，テストでの達成率で成績を付けることになるでしょう。

3 ポートフォリオ評価法

(1) ポートフォリオとは何か

ポートフォリオとは,学習者の作品や自己評価の記録,教師の指導と評価の記録などの資料と,それらを系統的に蓄積していくファイルや箱などの両方を意味しています(図1-8)。**ポートフォリオ評価法**は,ポートフォリオづくりを通して,学習者が自らの学習のあり方について自己評価することを促すとともに,教師も学習者の学習活動と自らの教育活動を評価するアプローチを指しています。

ポートフォリオ評価法でいう作品は,子ども・青年の学習の経緯や到達点などを示すような幅広い資料を指しています。完成した作品だけでなく,メモなどの走り書きが重要な意味を持つ場合もあります。必ずしも学習者自身が生み出したものでなくても,たとえば学習者が集めてきた資料が学習者の資料収集力を示す作品として位置づくこともあるでしょう。幼い子どもの場合は,教師が子どもの言葉を書き取るといった形で資料を残すことも考えられます。

(2) ポートフォリオの設計

さて,教育現場でポートフォリオを用いるにあたっては,まずポートフォリ

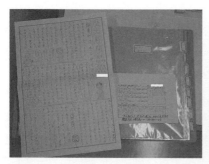 

図1-8 **ポートフォリオの例**(宮本浩子先生提供。前掲『総合と教科の確かな学力を育むポートフォリオ評価法 実践編』参照)

第1章　アクティブ・ラーニングの充実をどう図るか　31

オづくりの目的について明確にすることが必要です。目的としては，学習の足跡を残して学習者自身のその後の学習に役立てるため，また教師の指導に役立てるため，あるいは外部への証明に用いるため，などが考えられます。

　次に，どの期間，どの学習範囲に対応してポートフォリオを作るのかを考えておく必要があります。収める資料のサイズや量に合わせて，適切な容器も選んでおく必要があります。通常はファイルや箱が用いられますが，パソコン上に電子データで蓄積する形でもよいでしょう。

　また，ポートフォリオの所有権（ownership）も決定することが重要です。所有権とは，ポートフォリオに収める資料やその評価規準（基準）の決定権です。所有権に注目すると，ポートフォリオは次の3種類に大別されます。

① **基準準拠型ポートフォリオ**：　収める資料やその評価規準（基準）について，教育者があらかじめ決定しているポートフォリオ

② **基準創出型ポートフォリオ**：　収める資料やその評価規準（基準）について，教育者と学習者が交渉しながら決めていくポートフォリオ

③ **最良作品集ポートフォリオ**：　収める資料やその評価規準（基準）について，学習者が決定するポートフォリオ

（3）　指導上のポイント

　いずれのタイプのポートフォリオを用いるにせよ，押さえておくべき指導のポイントとしては，次の三点を指摘できます。

　第一に，学習者と教師の間で，見通しを共有することです。ポートフォリオをなぜ作るのか，意義は何か，何を残すのか，いつ，どのぐらいの期間をかけて作るのか，どう活用するのかといった点について，共通理解をした上で取り組み始めることが求められます。

　第二に，蓄積した作品を編集する機会を設けることが必要です。これには，たとえば，資料を整理して目次を作り，「はじめに」と「おわりに」などを書いて冊子にまとめるという作業が考えられます。日常的に資料をためておく**ワーキング・ポートフォリオ**から永久保存版の**パーマネント・ポートフォリオ**に

必要な作品だけを取捨選択して移すという方法もあります。なお，整理する必然性を増すという点では，ポートフォリオを見せる機会をつくり，そのための準備をするという形をとることが望ましいでしょう。

　第三に，定期的に，**ポートフォリオ検討会**を行うことが重要です。ポートフォリオ検討会とは，学習者と教師やその他の関係者がポートフォリオを用いつつ学習の状況について話し合う場を意味しています。学習者にとって到達点や課題，次の目標を確認し，見通しを持つ機会となるだけでなく，学習の成果を披露する場にもなります。

　典型的な検討会において，教師は「これまでに，どのように取り組んできたのかな？」「今，困っていることは何？」といった問いかけをします。また，学習者が語ることに耳を傾けます。達成点については，しっかりと褒めることが重要です。目標・評価規準（基準）を把握させるためには，具体例の比較をさせることが有効です。次に取り組むべき目標について話し合って合意し，確認された達成点と課題，目標についてメモを残します。

　検討会やポートフォリオ評価法をどのように実践できるかについての詳細は，第3章で検討します。

（西岡加名恵）

第2章

教科教育における アクティブ・ラーニングの位置づけ方
―「本質的な問い」とパフォーマンス課題の活用

パフォーマンス課題に取り組む生徒たち
（三藤あさみ先生提供）

　教科教育においてアクティブ・ラーニングを取り入れるにあたっては，「本質的な問い」に対応させてパフォーマンス課題を用いることが重要だと考えられます。

　本章では，各教科において，どのような「本質的な問い」やパフォーマンス課題を設計することができるのか，またパフォーマンス課題を取り入れる際にはどのような指導上の工夫が考えられるのかについて検討します。

Active learning

1 国語科アクティブ・ラーニング
パフォーマンス課題を活用した授業&評価モデル

1 国語科におけるアクティブ・ラーニング

2000年代以降,言語活動を軸に据えた教育改革が進められてきました。特に国語科では,「実生活で生きて働き,各教科等の学習の基本ともなる国語の能力を身に付けること」がめざされてきました。しかしながら,「伝えたい内容を明確にして表現したり,文章の内容や形式等を正確に理解したりすること」や「課題を解決するために,必要な情報を収集し的確に整理・解釈したり,自分の考えをまとめたりすること」に課題があることが報告されています(教育課程企画特別部会「論点整理」2015年8月)。とりわけ高等学校においては,「教材の読み取りが指導の中心になりがちで,国語による主体的な表現等が重視されていないこと,話合いや論述など,『話すこと・聞くこと』『書くこと』の学習が十分に行われていないこと」が問題視されています。これらの問題を克服するために,現在,さらなる言語活動の充実が求められるとともに,アクティブ・ラーニングの考えを踏まえた国語科の授業改革が進められています。

ただし,国語科の授業は,従来から「話すこと・聞くこと」「書くこと」「読むこと」という学習者の言語活動を軸に進められてきました。それらはアクティブ・ラーニングという言葉で提案・報告されているものではありませんが,学習者が主体的に言語を用いて学習することをめざすものであり,そのための方法や実践記録から,私たちは多くのことを学ぶことができます。加えて,アクティブ・ラーニングを軸に据えた授業に潜む,言語活動主義と呼ばれる問題には注意も必要です。すでに「言語活動の充実に基づく授業が,『記録』や『発表』といった活動レベルによって,子どもが教科内容を習得したか否かが把握される活動主義と化している」ことが報告されています(久田敏彦「言語

第2章　教科教育におけるアクティブ・ラーニングの位置づけ方　35

行為論と学びの共同化の課題——『言語活動の充実』の再定位を中心として」『教育学研究論集』No.10，2013年，pp.1-11）。さらに「『言語』という言葉が消えることで，活動だけが独り歩きして，言語のもつ働きが軽視される懸念」があることも指摘されています（全国大学国語教育学会「国語科教育の充実に関する要望書」2015年6月，http://www.gakkai.ac/JTSJ/）。以上の現状を克服する手段として，本節では，国語科として追究すべき問いと，学習者が取り組みたくなり，実力を発揮できる文脈と課題を提案したいと思います。

2 国語科における「本質的な問い」とパフォーマンス課題

　次ページ表2-1は，領域ごとの「本質的な問い」と小学校段階と中・高等学校段階におけるパフォーマンス課題の例を示したものです。教材の持つ独自性を活かしながらも，国語科としての系統性を意識し，次につながる国語科の学力を保障していくためには，「何を」「どのように」話したり・聞いたり・書いたり・読んだりするのかを，問う必要があると考えます。例えば，一つのテーマに関する問いを設定し，複数の教材文の読み取りを通して，そのテーマについて学習を深める場合，内容主義の指導に陥る危険性があります。また話す際の基本の型を学習する場合，それだけでは形式主義の指導となる危険性があります。これらの危険性を回避するためには，学習者が内容と方法の二つの側面から学習を進めるような課題を設定する必要があるでしょう。

　なお，学習指導要領では言語活動ごとに記述されていますが，それらを合わせ持つ課題を設定することも可能です。アメリカでは，「話すこと・聞くこと」「書くこと」「読むこと」を統合する領域として，「研究（Research）」という領域が独立している場合があります。そのような，話し・聞き・書く・読み力が統合され，発揮されるような課題を設定することもできるでしょう。

表2−1　国語科における「本質的な問い」とパフォーマンス課題の例 [1]

	話すこと・聞くこと	書くこと
包括的な「本質的な問い」	何を話したり，聞いたりするのか？ どのように話したり，聞いたりするのか？	何を書くのか？ どのように書くのか？
小学校	〔課題例1〕[2]　絵本の部屋をみんなが楽しく使ってくれるように，お話フェスティバルをすることになりました。あなたはそのメンバーとして，フェスティバルを成功させなければなりません。フェスティバルでは，スイミーの紙芝居コーナーとお薦めの本コーナーをやります。お話の場面や様子，雰囲気をしっかりと考えて，それを伝える本を選んで，わかりやすい紹介カードを書きましょう。お話カードには，題名，作者，登場人物，あらすじ，お気に入りのところがはっきりとわかるように書きましょう。（望月実先生）	〔課題例2〕[3]　あなたは，幼稚園の年長さんに，写真を使って「生き物の足」クイズをすることになりました。あなたの思いや考えがわからない子どもがいるかもしれません。そういう子どもたちにもわかるように，クイズを作ってください。クイズの中では，今まで学習してきた「といかけの文」「こたえの文」でクイズを作ってください。（北原琢也先生）
中学校・高等学校	〔課題例5〕[6]　あなたは，経営コンサルタントです。○○高校の目の前に，コンビニを出店したいという店主から，コンサルティングを依頼されました。高校生をターゲットにした商品計画を行う上で，○○高校前店で最も売り上げが上がると予測される商品カテゴリーを推測し，提案することがあなたの目的です。あなたは，実際に行った調査をもとに，1．なぜその商品カテゴリーを選んだのか，2．なぜその順位になったのか，について，店主に納得のいく提案を行わなければなりません。提案教室において，他の提案者がいる中で，店主に口頭で行います。図や表を提示することは可能です。店主に10分で説明した後に，5分間の質疑応答時間を設けます。（渡邉久暢先生）	〔課題例6〕[7]　体育祭の思い出について，自分の心情をあらわす短歌を作りましょう。まず，体育祭の思い出をまとめた短作文から言葉を選び，短歌の形式で表現します。次に，表現技法を駆使して推敲して，短歌を完成するとともに，推敲の効果を説明する短文を書いてください。（萩尾徹子先生）

（1）　八田幸恵「思考力・判断力・表現力を育てるパフォーマンス課題（4）国語科におけるパフォーマンス課題と『本質的な問い』」『指導と評価』2012年1月号，図書文化，pp.56-59を参考に編集した。

（2）　望月実「国語科」京都大学大学院教育学研究科 E. FORUM『「スタンダード作り」基礎資料集』（以下，『基礎資料集』）2010年，pp.3-8

（3）　北原琢也「くちばし（unit181）」京都大学大学院教育学研究科 E. FORUM「E. FORUM Online（EFO）」（http://efo.educ.kyoto-u.ac.jp）より引用。ただし，一部表現に加筆した。

（4）　宮本浩子「小学校国語」『指導と評価』2010年9月号，図書文化，pp.12-15

（5）　山本はるか「国語科—香川大学教育学部附属高松小学校第5学年単元『これからの自分を探そう〜生

第2章　教科教育におけるアクティブ・ラーニングの位置づけ方　37

（山本はるか編集）

読むこと	複合領域
何を読むのか？ どのように読むのか？	どのように情報を収集，分析し，まとめ，伝えるのか？
〔課題例3〕[4]　あなたは，編集者です。星野道夫の写真やことばからあなたが受け止めたメッセージをもとに，マイ・アンソロジーを編みなさい。編集作業では，あなたが受け止めたメッセージを意味づけ，いくつかのプロットに再構成します。全体をまとめるタイトルもつけて一冊の本にまとめます。（宮本浩子先生）	〔課題例4〕[5]　これからの自分のなりたい姿について考えるために，自分の祖父母が，どのように生きてきたのかを知り，伝記に表そう。伝記「手塚治虫」から祖父母に取材するとよい事柄と表し方を読み取ろう。そして，祖父や祖母の生き方を参考に，自分はどのように生きたいのかを考え，家族に伝えよう。（住田惠津子先生）
〔課題例7〕[8]　あなたは瓦版の記者です。あるとき次の出来事について取材をし，瓦版を作成するように命じられました。 《出来事》羽田庄兵衛という同心が，弟殺しの罪で遠島になった罪人の喜助の身の上話を聞いて疑問に思うところがあるからもう一度お調べいただきたいという願い出を出した。このようなお奉行様のお裁きに対する同心からの願い出は異例であり大騒ぎとなっている。京都では庄兵衛と同じように喜助に同情する意見もあれば，お裁きの通りに島流しが妥当だという意見もある。 ◆記事には，①庄兵衛が願い出た理由のあらまし，②庄兵衛の願い出をお奉行様は退けると思うか，受け入れると思うか，その見通しを明記すること。（山内雅雄先生）	〔課題例8〕[9]　アメリカ人とは誰でしょうか。アメリカン・ドリームとは，夢を追う人のアイデンティティにもとづいて，変化するのでしょうか。何が成功と失敗を決めるのでしょうか。誰が勇敢であるとみなされ，夢の追求が人を悪へと導いたと誰がみなすのでしょうか。今学期に読んだ小説を二つ使って，これらの問いを検討しなさい。（ニューヨーク・パフォーマンス・スタンダード・コンソーシアム）

き方を読む〜」」『「活用」を推進する評価と授業の探究』平成22-24年度科学研究費補助金基盤研究（C）研究成果最終報告書，2013年，pp.37-50

（6）　渡邉久暢「国語科」『基礎資料集』pp.27-31
（7）　萩尾徹子「国語科」『基礎資料集』pp.17-21
（8）　山内雅雄「国語科」『基礎資料集』pp.33-38
（9）　The New York Performance Standard Consortium, "Educating for the 21st Century：Data Report on the New York Performance Standard Consortium"（http://performanceassessment.org/articles/DataReport_NY_PSC.pdf, 2016年8月15日確認）

3 パフォーマンス課題を取り入れた授業モデル

　国語科におけるパフォーマンス課題の実践例として，小学校における複合課題と高等学校における「話すこと・聞くこと」領域の事例を見てみましょう。

（1）　小学校5年　「これからの自分を探そう～生き方を読む～」

　まず，住田惠津子先生（当時，香川大学教育学部附属高松小学校）の実践「これからの自分を探そう～生き方を読む～」を見てみましょう。住田先生は常々，子どもたちに，「自分の大きな目標に向かって進んでいってほしい」と願っていました。伝記「手塚治虫」には，手塚が進路選択に悩み，母親の助言を得る場面が描かれています。そのような手塚の姿から，住田先生は「自分が迷うことがあっても当然なのだ。もし迷うことがあったら，手塚みたいにいろんな人の意見を聞いたり，家族の意見を参考にしたり，どうしても自分がやりたいことがあったら，それを貫き通したり，そういう風に視野を広げ，生き方を探ってほしい」と考えました。

　ただし，伝記から手塚の人生を読み取るだけの授業は，内容主義に陥る危険性があります。授業を構想する中で住田先生は，「祖父母の伝記を書く」という発想に至ります。祖父母の伝記を書くことを念頭に学習を展開すると，手塚や祖父母の生き方を内容面として学ぶだけでなく，伝記にはどのような特徴があるのか，どのようにエピソードをつなげれば，人物を紹介することができるのかという方法面を学ぶこともできます。さらにこの二つの学習を通して，自分が生きていく方向性を考えることもできます。このような意図を持って，住田先生は「祖父母の伝記を書く」というパフォーマンス課題を設定しました。

　本単元は全14時間で実施されました。まず1時間目で，「自分のなりたい姿」に関する作文を書いた上で，クラス全体でパフォーマンス課題を共有します。続く6時間で手塚治虫の伝記を読み，伝記の書き方や作者の工夫などの方法面と，手塚の生き方を内容面として学習します。その後の6時間で，祖父母の伝記を書きます。ここでは，祖父母にインタビューを行い，どのような出来

事があったのか，その出来事にどのような感想を持っているのかなどを聞き取ります。その上で，文学的表現と説明的表現を駆使しながら，祖父母の伝記をまとめていきます。

　このように住田先生は，伝記作品を「読むこと」と伝記作品を「書くこと」を連動させた単元を実践しました。この二つの学習の往還を通して，子どもたちは初期の「自分のなりたい姿」を深め，今後の「生き方」を探ることへとつなげていきます。注目すべきは，伝記を書くこと自体ではなく，伝記を書くことを通して，書く対象を様々な角度から観察し，対象をより効果的に伝えるための方法を学習することがめざされていたことです。この学習を通して，次につながる「読むこと」と「書くこと」の学力の定着を図ったのです。

（2）　高等学校１年「コンビニ出店企画を伝えよう」

　次に，渡邉久暢先生（福井県立若狭高等学校）の実践「コンビニ出店企画を伝えよう」を見てみましょう。渡邉先生は，自身の担当する生徒たちに対して，「社会に出たときに，論理的かつ批判的な思考を携えた，話し手・聞き手となってほしい」という願いを抱いていました。そこで，「筋道を立てて意見を述べる」ことを目標に掲げました。なお，この目標は学習指導要領「国語総合」の指導事項のア「話題について様々な角度から検討して自分の考えをもち，根拠を明確にするなど論理の構成や展開を工夫して意見を述べること」に対応しています。

　この目標を達成するために，渡邉先生は，実生活で遭遇するリアルな課題を設定し，専門家とともに授業案を構想しました。このことが先の目標の実現につながると考えたからです。この単元で扱った課題は，表２−１（p.36）の〔課題例５〕として示した課題です。この課題には，商業科の生徒とともに取り組みました。商業科の生徒たちは，商業科目「ビジネス基礎」でマーケティングの知識や考え方を学習してきています。その知識を活かすことができるような課題を設定しました。

　本単元は全17時間で構成しました。１〜９時間目は「商品配置計画」と

「売れ筋BEST3」を，様々な観点（競合店・購買者層・購買時間等）から考えまとめていきます。その上で10〜12時間目は，先行して同単元を実施した先輩のプレゼン場面を視聴し，話し方や構成をさらに工夫するとともに，補助資料や質疑応答の準備を行います。そして13時間目のリハーサルを行った上で，14・15時間目に店主に見立てた経営の専門家に対して発表を行います。16・17時間目は，単元全体を振り返り，筋道立てて意見を述べるための方法を考察します。

　このパフォーマンス課題では，調査結果を読み取り，必要なデータを取捨選択する場面と，説得力のある説明を考え，実際に行う場面，さらに質疑応答の時間が設定されています。プレゼンテーションを成功させるためには，聞き手（今回は経営の専門家）がどのような情報を求めているのかを把握した上で，その聞き手に対してどのような内容をどのように伝えることが必要なのかを考えることが求められます。また真に生徒が話したり・聞いたりする学力が身に付いているかを確かめるためには，事前に準備したものを発表する場面だけでなく，準備したものを使いながら，その場で発せられた質問に的確に答えることができるかどうかを判断する場面を設定する必要があります。本実践では，その両方が実現されています。

　加えて，「話すこと・聞くこと」の学力を確実に身に付けていくためには，何を話したり聞いたりするのかを考えるとともに，今の自分がどのように話したり聞いたりしているのかを振り返りながら，次の学習を考えていく必要があります。そこで渡邉先生は，生徒が自らの思考のプロセスを可視化し振り返ることができるように，生徒たちがノートに考えたことを逐次書き記す機会を設定するとともに，その記述を教師だけでなく，生徒自身や，同じグループのメンバーも確認するための時間を設定しました。このことによって，生徒の自己評価を促すとともに，相互評価を行うことができるようにしました。次ページ表2－2に示すのは，本単元で使用したルーブリックです。ルーブリックを生徒と共有することで，生徒の自己評価を促す手立ても施されました。

　先述の通り，現在，高等学校における話したり聞いたりする学習の充実が望

第2章　教科教育におけるアクティブ・ラーニングの位置づけ方　41

表2-2　本単元で使用されたルーブリック

評点	観点A 主張と根拠	観点B 構成と話し方	観点C 質問への返答
5	主張を支えるための根拠が，具体的な体験や様々な情報に基づいて，多様な観点から示されている。	発表内容の構成や話し方を工夫したことによる大きな成果がある。	聞き手の質問の意図に沿った返答を具体的かつ適切に行う。
4	主張を支えるための根拠が，多様な観点から示されている。	発表内容の構成や話し方を工夫したことによる成果がある。	聞き手の質問の意図に沿った返答を適切に行う。
3	主張を支える根拠が示されている。	発表内容の構成や話し方を工夫している。	聞き手の質問に返答する。
2	根拠は示されているが，示された根拠が主張を支えていない。	発表内容の構成や話し方を工夫しようとしたことはわかる。	聞き手からの質問に対して，「はい」「いいえ」「わかりません」などの基本的な返答しか返ってこない。
1	主張を支える根拠が全く示されていない。	発表内容の構成や話し方を工夫したことがわからない。	聞き手からの質問に対して全く返答しない。

（渡邉先生指導案「自らの考えを提案し，発表しよう」（http://www.mitene.or.jp/~kkanabe/ 2006-1003sidouan.pdf）より一部抜粋）

まれています。しかし，単元内にそのような場面を設定するだけでは不十分です。どのようにすれば効果的に話したり聞いたりすることができるのかを知識として学習し，自らの話し方・聞き方を振り返ることで，言葉の働きや役割に関する理解を洗練させていくことができるような文脈と課題の設定が重要です。渡邉先生は，これらを実践することによって，まさに「深い学び」と「主体的な学び」を実現していると言えるでしょう。

4　まとめと今後の展望

　国語科におけるアクティブ・ラーニングは，学習者が言語を用いて，話したり・聞いたり・書いたり・読んだりしながら，自らの言語生活をより豊かにすることを求めるものです。そのためには，「本質的な問い」を明確にした上で，それを問う必然性があり，学習した事柄を発揮できるような文脈と課題を設定することが重要でしょう。

（山本はるか）

2 社会科 アクティブ・ラーニング
パフォーマンス課題を活用した授業＆評価モデル

1 社会科におけるアクティブ・ラーニング

　アクティブ・ラーニングとして考えられている「調べる，考える，議論する，討論する，発表する，提案する」などの学習活動，その学習成果の表現としての新聞づくり，パンフレットづくり，プランづくりなどの活動（パフォーマンス課題）は，社会科教育の実践として広がり，定着してきています。それらは，子どもの社会科学習を活発にする手段としての意味だけではなく，社会科という教科の目的が求めるものです。すなわち，よりよい社会の形成に参加・参画するとはどういうことなのか，どのような知識や方法を駆使すれば，効果的に社会的な意志決定に参加・参画できるのか，このような問いについて考え，トレーニングすることが社会科教育の目的だからです。

　ただし，教科書にもとづく社会科のペーパーテストが求めている大量の社会科の知識習得と，アクティブ・ラーニングにもとづくパフォーマンス課題への取り組みの両者をうまく関連づけるのは容易ではありません。社会科の新聞づくり，提案づくりが単元の終わりや学期末に追加的に行われ，調べた知識の羅列や「よくある社会的提案」を述べるだけに終わる場合も少なくないでしょう。年間のカリキュラムや単元計画の中で，知識と技能・方法の習得がアクティブ・ラーニングの中で行われ，その土台の上にパフォーマンス課題が位置づくことを明確にすることが必要です。

　アクティブ・ラーニングにもとづいてパフォーマンス課題に取り組むことが，社会的事象や出来事への理解を深め，よりよい社会の形成に向けた効果的な社会参加・参画について考えることにつながるためには，社会科の中で問い続ける「本質的な問い」を明確にして，学習が展開されることが鍵になります。

第2章　教科教育におけるアクティブ・ラーニングの位置づけ方　43

◎ 2　社会科における「本質的な問い」とパフォーマンス課題

　社会科カリキュラムの中にパフォーマンス課題を位置づける事例を表した次ページの表2－3では，社会科カリキュラム全体を貫く「本質的な問い」を「社会的事象にはどのような特徴がみられるのか？」「社会的事象の特徴はなぜ生じているのか？」「社会的事象から生じる課題や問題をどうしたらよいか，どの解決策がより望ましいか？」と表現しました。その上で，社会科のいくつかの分野・領域を選び，そこでの「本質的な問い」を表現し，次にその分野・領域の単元レベルで「本質的な問い」を例示し，それに対応するパフォーマンス課題を位置づけました。

　社会科のパフォーマンス課題は，現実的な社会的な文脈で知識・理解を発信し，人々に影響を与えることを想定することで，社会科の単元全体のアクティブ・ラーニングの目的意識を子どもにもたせ，かつ作成された作品の内容によって，子どもに獲得された「永続的理解」（社会的なものの見方・考え方）の深まりを評価するという意味があります。

　新聞，パンフレット，プランなどの作品づくりという形式自体は，社会科の授業の中でこれまでも取り組まれることが多かったのですが，それを社会科の目標と評価の全体構想の中に位置づけることが重要です。そうしないと作品づくりというパフォーマンスを活動としてさせるだけに終わり，「永続的理解」が子どもの中で深まったかという点が軽視されるからです。

　表2－3では，「永続的理解」として子どもに深めさせたい内容は紙幅の関係で掲載していませんが，単元のパフォーマンス課題を設定する際に，それに対応する「永続的理解」の内容を文章化しておくことが有効です。たとえば，表中の〔課題例3〕（小学校5年生の農業学習）では，「現代の農業は，生産面では，農産物の安全性，新鮮度，おいしさ等に関して消費者のニーズに応える農産物の開発と，販売面では，量販店との契約やインターネット直販などによって，多くの消費者との結びつきをつくることが求められている」という「永続的理解」をめざすことが考えられます。

44

▌表2−3　社会科における「本質的な問い」とパフォーマンス課題の例

包括的な「本質的な問い」		社会的事象にはどのような特徴がみられるのか？　社会的事象の特徴はなぜ生じてい	
分野		地理的分野	歴史的分野
分野の「本質的な問い」		諸地域の特色と問題は何か？　なぜその特色と問題がその地域にみられるのか？　その地域の問題を解決するためにどのようなことが考えられるか？	各時代の特色は何か？　なぜ社会は歴解釈はなぜ違うのか？　歴史像・歴史史解釈はどのように利用されるのか？
小学校	単元の「本質的な問い」の例	自分の住んでいる校区の特色は何か？　なぜ，その特色はみられるのか？　それはどうすればとらえ，表現することができるか？	社会の歴史的変化に貢献した人は，どそれをなしとげることができたのか？つのか？
	パフォーマンス課題	〔課題例1〕(1)〈調べたい場所と校区の比較〉姫路市の中で，調べたい場所を選んで，そこが自分たちの校区とどのように似ているのか？　また，どのように違うのか？　なぜそのような特色があるのか？　を調べて，姫路市ガイドブックに書き加える。（馬場勝先生）	〔課題例2〕〈江戸時代の学問と文化にあなたが，博物館の学芸員で「江戸時ち」という企画展示をするとしたら，人とりあげて，①その人物がなしとげそれをなしとげることができたのかと義をもったのか，について今日の人々文を作成しましょう。（筆者作成）
中学校	単元の「本質的な問い」の例	この地域の産業の特色とは何か？　なぜそのような産業の特色がみられるのか？　この地域の産業の問題は何か？　その地域の産業の問題を解決するためにはどのようなことが考えられるか？	その時代で権力を持った人物・集団か？　その時代で権力を持った人物・うな方法・制度・きまりをつくった労働をして生活を豊かにしたか？　そ求を実現するために，どのような方法
	パフォーマンス課題	〔課題例4〕(3)〈持続可能な観光とは〉中国・四国地方の中山間地における「持続可能な観光」事業の例を調べ，これからの観光のあり方を踏まえ，自分たちの身近な地域や行ったことのある地域の観光パンフレットを作ろう。（見島泰司先生）	〔課題例5〕(4)〈江戸時代の政治が持続「自然災害，飢饉，打ちこわし，諸外わらず，江戸時代の政治が300年近くで博物館の企画展を行うとしたら，誰てて展示内容を考えますか。（筆者作

（1）　岩田一彦編著『小学校社会科　学習課題の提案と授業設計——習得・活用・探究型授業
（2）　福原剛「〈知識と理解〉を結ぶ新テスト問題づくりの実例」『社会科教育』2013年5月
（3）　小原友行・永田忠道編著『「思考力・判断力・表現力」をつける中学地理授業モデル』
（4）　磯田道史『NHK さかのぼり日本史（6）江戸"天下泰平"の礎』NHK 出版，2012年
（5）　藤島俊幸「社会科」京都大学大学院教育学研究科 E. FORUM『「スタンダード作り」基

（鋒山泰弘編集）

るのか？　社会的事象から生じる課題や問題をどうしたらよいか，どの解決策がより望ましいか？

	公民的分野
史的に変化したのか？　歴史像・歴史解釈はなぜ変わるのか？　歴史像・歴	現代社会における問題・対立の解決・合意形成の特徴は何か？　よりよい解決・合意形成のためには何が必要か？　現代社会における財の生産，分配，消費の特徴は何か？　よりよい財の生産，分配，消費には何が必要か？
のような業績を残したか？　なぜ当時その業績はどのような歴史的意義をも	国民の食料はいかに生産されており，どうあるべきか？　現代の日本の農業が成功するための条件とは何か？
貢献した人々〉 代の学問や文化の発展に貢献した人た どのような展示をしますか。人物を１ た業績の特徴，②その人物がなぜ当時 いう理由，③その業績はどのような意 にわかりやすく説明する展示物と解説	〔課題例３〕⁽²⁾〈都市の農業〉 耕地面積が少ない広島市中心部の野菜作り農家が，利益を上げていくためのプランを作成してみよう。（福原剛先生）
は，どのような社会を目指そうとした 集団は，民衆を従わせるためにどのよ か？　その時代の人々は，どのような の時代の人々は，自分たちの願い・要 をもっていたか？	社会における対立はいかに解決されるか？　合意はいかに形成されるか？　民主的な意思決定の特徴とは何か？
できた重要なターニングポイントとは〉 国の圧力など，度重なる危機にもかか 維持できたのはなぜか」というテーマ の，どのような施策・改革に焦点をあ 成）	〔課題例６〕⁽⁵⁾〈長崎県諫早湾干拓事業が問い直されるのはなぜか〉 なぜ，10年経過した今，「長崎県諫早湾干拓事業」が問い直されているのでしょうか？　一度なされた決定は，民主的な決定ではなかったのでしょうか？　次の４つの立場から考察してみよう。立場１…漁業従事者，立場２…農業従事者，立場３…地域住民，立場４…行政機関（藤島俊幸先生）

の展開』明治図書，2009年，pp.99-105
号，明治図書，pp.60-61
明治図書，2011年，pp.104-113
を参考にして筆者が作成した。
礎資料集』2010年，p.67

3 パフォーマンス課題を取り入れた授業モデル

　以下に紹介する実践例と実践プランは，社会的事象にリアルな関心を引き起こし，「判断・意志決定」を考える文脈をつくることで，社会的なものの見方・考え方（「永続的理解」）を深めるものです。パフォーマンス課題の理論で解釈してみます。

（1）　小学校３年「コミュニティバス」

　筑波大学附属小学校の梅澤真一先生は，小学校３年生の単元として，「文京区コミュニティバス『Bーぐる』について考える」を実践されています（筑波大学附属小学校社会科教育研究部『筑波発　社会を考えて創る子どもを育てる社会科授業』東洋館，2015年，pp.60-71）。そのねらいとして，コミュニティバスというサービスが，地域の人々の願いによって実現し，現在多くの人々に利用されていることを理解すること，その運営に区の予算（税金）が使われていることの是非を子どもが話し合うことを通して，「社会的な価値判断力」を高めることが考えられています。「税金」が使われていることの是非を話し合わせることは，通常は小学校６年生の「地方公共団体の働き」の学習で行うのが適切であると考えられます。しかし，この授業では「地域における社会的事象」について理解を深め，小学校３年生でも自分の意見・判断を形成できるようになるために，「費用」の問題が位置づけられています。以下のような計６時間の授業が展開されています。

　第１次（２時間）：「Bーぐる」ってどんなバス（コミュニティバスについて基本的なことを学習する。）

　第２次（２時間）：「Bーぐる」に乗ってみよう（校外学習の機会を利用し，コミュニティバスを利用する「共通体験」をする。）

　第３次（１時間）：「Bーぐる」の運賃は100円でよいのか考える（バスの運営には区の補助金が使われていることを学習し，それは必要か否か，意見を言う。区役所の担当者の人の考えをビデオ映像で伺う。）

第2章　教科教育におけるアクティブ・ラーニングの位置づけ方　47

第4次（1時間）：区役所の担当者に手紙を書く

　この単元の学習課題をパフォーマンス課題として表現すれば，「コミュニティバスのサービスの意義を理解した上で，現在の運賃が大人も子どもも100円であることと，その運営には区の予算（税金）も使われていることに関して，自分の意見・判断を形成して，区役所の担当の人に手紙で伝えよう」となるでしょう。この課題に対応する「本質的な問い」を考えれば，「地域の公共サービスとは何か？」「地域の公共サービスの費用はどのように負担されるべきか？」など，社会科の中で繰り返し問われ，大人になっても考え続ける「本質的な問い」になります。「税金」について学習していない小学校3年生の段階では，公共サービスの費用負担の公正性などについて理論的に考えさせることは無理がありますが，コミュニティバスを利用し，その利便さに気づき，小学生でも1回の乗車に100円支払っている事実，さらに授業で提示された「バス利用客1人あたりの必要経費と文京区から出ている補助金の金額」についてのデータにもとづいて，自分の意見を持ち，発表し合うことはできます。このようなアクティブ・ラーニングは，「地域には住民の願いが反映されているコミュニティバスのような公共サービスがあり，その費用には住民の税金が使われており，費用負担のあり方に関して，住民は意見を持ち表明する権利を持つ」という「永続的理解」を深めるものとなります。

（2）　中学地理「地域の意志決定」

　中学校社会科地理的分野のパフォーマンス課題として，地域の問題について生徒に対策を提案させるパフォーマンス課題があります。しかし，現実の地域の問題の背景には様々な利害関係があり，生徒がどこまでリアルに考えられるのかという点が課題となります。

　この課題に関連して，中学校社会科教師の王子明紀先生は，中学校地理的分野における「過去の意志決定学習を位置づける授業プラン」の提案をされています（第64回全国社会科教育学会，2015年10月11日，広島大学での課題研究Ⅱ「中等教育における主権者育成のための授業論」における，王子明紀先生

の発表資料「各地域における過去の意志決定を批判的に分析させる地理授業プラン——近畿地方のニュータウン開発を中心に」にもとづく）。

王子先生は，限られた情報を根拠に，生徒に価値判断や意志決定のアウトプットを求める社会科の授業を，「子どもが提案書を作成したことで，専門家でも判断をすることが難しい問題を自分たちで解決したと錯覚するような学習は，安易な意志決定学習」と批判し，対案として，日本の各地方の学習において，地域の課題に関する「過去の意志決定」の過程や根拠・理由を学ぶことを繰り返し，「過去の意志決定の結果を現在の視点から分析検討する学習」をカリキュラムの中に位置づける学習を提案します。たとえば，近畿地方の関西大都市圏の形成と郊外住宅地の開発という特色の学習において，生徒の住む兵庫県三田市を取りあげ，「なぜ，北摂三田ニュータウン計画発表から入居開始まで千里ニュータウンよりも９年間も長い13年間も年月がかかったのだろうか？」（ニュータウンの開発が計画より遅れた理由は何か），「三田市の人口は，ニュータウン開発によって計画していた20万人にどうすれば達したのだろう？」（計画の見込み違いの原因は何か）という問いを位置づけます。

授業計画では，ニュータウンの開発には水資源の確保が必要であったが，水資源の確保のために計画されていた青野ダム建設が，ダムによる水没予定地域で反対運動が起こったため時間がかかり，そのことが原因でニュータウンへの入居までに長い年月がかかったという因果関係を資料から生徒が読み取ることが想定されています。次に，「なぜ水没地域の人たちは，当初反対していた青野ダム建設に合意したのだろう？」という問いによって「過去の意志決定の分析」がなされます。さらに，「過去の意志決定の結果を現在の視点から分析検討する学習」として，「三田市の人口は，ニュータウン開発によって計画していた20万人にどうすれば達したのだろう？」という問いが設定され，ニュータウンの計画と実行状況の資料の読み取り・分析から，鉄道網のぜい弱性や企業誘致が進まなかったなどの諸要因が検討されます。このような授業を通じて，「大都市近郊で一定の人口が定住するためには，その地域が通勤圏・通学圏に入る時間的・空間的距離に位置し，人口増に見合った交通網整備，生活基盤整

第2章 教科教育におけるアクティブ・ラーニングの位置づけ方 49

備が必要条件となる。交通網整備，生活基盤整備の実現には，住民の既得権との調整が必要となる」という「永続的理解」が深められます。

このような「過去の意志決定」の根拠を批判的に分析するトレーニングを踏まえれば，「地域の過去の意志決定過程の事実の検討にもとづき地域の将来像を提案する」というパフォーマンス課題としてリアルな根拠にもとづいた思考を求めるものになるでしょう。重要なことは，「過去の意志決定」であれ，「現代の他地域の事例」であれ，「意志決定過程の事実」のリアルな検討を踏まえて，パフォーマンス課題に取り組むことです。

4 まとめと今後の展望

社会科の授業でパフォーマンス課題が提示され，アクティブ・ラーニングによって，生徒自らが社会的事象の課題や問題の原因をつきとめ，その対策・解決策を考えるのが理想ですが，実際には教師があらかじめ研究・調査した結果を踏まえて，主な問いと資料を構成し，教師が行った「研究」の過程を授業の場で生徒に追体験させるのが現実的な方法といってよいでしょう。先に紹介したニュータウンの「過去の意志決定」を分析・検討する授業プランも，教師によるニュータウン開発の「意志決定過程」に関する「研究」にもとづいて，問いが構成され，中学生でも理解できる資料に編集・加工された教材が提示され，生徒はそれらの資料＝教材を読み取ることで「教師が明らかにした理解」に到達することが計画されています。もちろん，結論としての「理解」を覚えさせることに意味があるのではなく，その「理解」に到達する過程で，社会科の「転移可能な概念」と「複雑なプロセス（方法）」を習得し，使えるようになることが重要であり，そのためにアクティブ・ラーニングを実践することに意味があります。パフォーマンス課題による様々な作品づくりは，そのような生徒の研究過程を表すものとなり，生徒が社会科の「転移可能な概念」と「複雑なプロセス（方法）」を使っているかを評価できる手段になります。

（鋒山泰弘）

3 算数・数学科 アクティブ・ラーニング
パフォーマンス課題を活用した授業＆評価モデル

1 算数・数学科におけるアクティブ・ラーニング

　算数・数学科では，もともと問題解決型授業（多様な解き方や解答をクラス全体で交流し合い，既習事項を手がかりに計算手続きや法則や概念を発見的に導き出す）という形で，特に小学校において，活動的で主体的な学びが追求されてきました。また，「言語活動の充実」の影響もあり，近年では，ペア学習やグループ学習を導入したり，解答の根拠や解き方を説明する数学的コミュニケーションを重視したりと，協働的な学びもより重視されるようになってきています。さらに，解き方の解説と問題演習重視であった高校でも，アクティブ・ラーニングを契機に，「学び合い」が広がりはじめています。

　しかし，そうして主体的で協働的な学びがめざされる一方で，活動やコミュニケーションの対象となる課題の中身が指導のポイントを外してしまうことが起こりがちです。また，教師の教材解釈や教科内容理解が不十分なために，集団解決の場面で，子どもたちの意見を受け止めたり，その数学的な意味を整理したりできないといった状況も見られます。その結果，集団解決が，思考の練り上げに至らずに多様な意見の交流にとどまり，最終的に教師が正解を押しつけてしまうような授業に陥りがちです。

　主体性・協働性のみに着目した活動主義に陥らずに，算数・数学の学習としてのクオリティを追求し，網羅的で浅い学習に陥らずに本質的な内容についての深い学びを実現する上で，パフォーマンス課題を活用すること，「本質的な問い」を明確にしていくことが有効です。そしてそれは，学ぶ意義の見えにくい数学のための数学の学習ではなく，自分たちの生活や社会とのつながりの見えやすい有意味な数学学習を創出することにもつながるでしょう。

第2章　教科教育におけるアクティブ・ラーニングの位置づけ方　51

◎ 2　算数・数学科における「本質的な問い」とパフォーマンス課題

　次ページ表2－4では，「本質的な問い」を領域ごとに構造化しました。「数と計算（式）」領域については，数の意味の理解，数や文字を使った加減乗除の計算能力が柱となります。小学校段階で，整数から小数・分数へと数は拡張され，加減法から乗除法へと計算のバリエーションも広がります。中学校段階では，負の数，無理数へと数は拡張されるとともに，方程式や因数分解など，数だけでなく文字を使った計算も求められるようになります。なお，「数と計算（式）」領域は，他領域の基礎として位置づけられるので，他領域のパフォーマンス課題も，「数と計算（式）」の内容の活用の場と見ることができます。

　「量と測定」領域については，身の回りの量を測定したり計算したりして数値化することが柱となります。長さや重さや時間など，計器で測って求める量から始まり，小学校中・高学年になると，面積・体積を計算で求めたり，速さなどの内包量を計算で求めたりすることが要求されます。

　「図形」領域については，図形の種類やそれを規定する条件の理解が柱となります。四角形や三角形といった具合に形が分類され，小学校中学年で平行や垂直といった位置関係を学ぶことで，四角形はさらに平行四辺形や台形などへと分類されます。中学校段階では，図形の性質や合同・相似関係に関する証明や定理の活用が求められます。

　「関数」領域については，自然や社会の伴って変わる二つの数量の関係を代数的・視覚的にとらえ，未知の数量を予測することが柱となります。小学校段階では比例，反比例が，中学校段階では一次関数，二次関数が扱われます。

　最後に「資料の活用」領域については，目的に応じて資料を収集・表現・分析すること，および，それによって不確実な事象や集団の傾向をとらえることが柱となります。小学校段階では，折れ線グラフ，円グラフ，帯グラフなど資料を分類整理する方法が指導されます。中学校段階になると，代表値を用いて資料の傾向をとらえたり，確率を用いて不確実な事象の傾向をとらえたり，標本調査を用いて母集団の傾向をとらえたりすることが求められます。

表2−4　算数・数学科における「本質的な問い」とパフォーマンス課題の例

方法論に関する「本質的な問い」：
どのようにして現実世界の事象や問題の本質を数学的に抽象化し，条件を解析すればよいか？　筋道を立てて考え，数学的によりよく問題を解決したり，証明したりするにはどうすればよいか？　どうすれば解析の結果を発展させることができるのか？　数学的表現を使ってわかりやすく説明するにはどのようにすればよいか？

領域		数と計算（式）	量と測定	図形
領域の「本質的な問い」		なぜその数は必要なのか？　なぜ文字式を使うのか？　どうすればうまく計算できるか？	身の回りにある様々な量は，どのように表し，測定・計算すればよいか？	図形にはどのような形や位置関係があるのか？　図形の性質を規定するものは何か？
小学校低学年	「本質的な問い」	整数とは何か？　どうすればうまく計算できるか？	身の回りにある様々な量はどのように測定すればよいのか？	身の回りにはどんな形があるのか？　図形はどんなものから構成されているのか？
	課題例	〔課題例1〕「けいさんかみしばい」(1) 7−4などの与えられた数式で答えが出る問題を，自分の好きな場面をもとに作成し，その解答を絵や図で説明する）をつくって，班のおともだちと問題の解きあいっこをしよう。（小1・小林広明先生）	〔課題例2〕(2) ありの「アーントくん」が，小学校めざして出かけるたびに出ましたが，ずいぶんあるいたので，おなかがぺこぺこでたおれそうです。そんなとき，アーントくんはおいしそうなあめを見つけました。でも，あめのまえには水たまりがあります。あめまでは，⑦のコースと⑦のコース，どちらがどれだけ近いでしょうか。アーント君に説明してあげましょう。（小2・石橋かおる先生）	
小学校中・高学年	「本質的な問い」	小数・分数とは何か？　小数・分数はどうしたら計算できるか？	様々な図形の面積や体積をどのように求めればよいのか？　量は測定器で測れるものだけなのか？	図形同士の関係にはどのようなものがあるのか？
	課題例	〔課題例4〕(4) 6年生7人が先生方の車に分乗してキャンプ場に向かいます。1台の車には児童が4人まで乗ることができます。校長先生の車は，60ℓのガソリンで850km走れます。林先生の車は，40ℓのガソリンで600km走れます。田中先生の車は，30ℓのガソリンで500km走れます。できるだけ経費を節約したいと思います。どの車を選べばよいでしょうか。その根拠となった計算も示しつつ，説明してください。なお，キャンプ場までは片道6km，ガソリンは1ℓ130円です。（小6・玉井泉先生）	〔課題例5〕(5) 11月のスマイル高倉のお楽しみコーナーとして，「おもしろ科学実験＆工作」のコーナーをお母さんたちが企画していて，それを理科室でするか，理科室前の廊下でするか迷っています。いっぱい人が入ってほしいから，広い方でしたいそうです。どちらが広いかを求めて，お母さんたちに提案しましょう。（小4・上杉里美先生）	
中学校	「本質的な問い」	負の数を用いるよさは何か？　なぜ文字式を使うのか？　方程式を使うと何ができるのか？	線対称，点対称の見方のよさは何か？　空間を規定するものは何か？	
	課題例	〔課題例8〕(8)（東京の時刻を基準としたときの各都市の時差が示された上で，）ニューヨークで12月15日19時開始のバスケットボールの試合があります。東京でこの試合のライブ中継を見るためには，何月何日の何時にテレビをつければよいでしょうか。答えとその根拠を説明してください。	〔課題例9〕(9) あなたは建築設計師で，マンション購入者からの次のような依頼をうけました。「私が購入したマンションの床と天井が平行ではないように思うんです。確かに床と天井が平行であるか調査してください」あなたは確かに平行であることを必要最低限の調査費用で購入者に明瞭な理由を示し，報告書を作成しなければなりません。報告書には，簡潔・明瞭な説明と図，及び必要経費を記載する必要があります。なお，課題解決に使用できるものは，正確な角を測ることができる分度器1つ，伸縮自在の高性能メジャー（10mまで測定可能）1つのみで，分度器，メジャーとも1回の測定につき，使用料金は1万円です。（神原一之先生）	

第2章　教科教育におけるアクティブ・ラーニングの位置づけ方　53

（石井英真編集）

領域		数量関係	
		関数	資料の活用
領域の「本質的な問い」		自然や社会にある，伴って変わる二つの数量の関係を代数的・視覚的にとらえ，未知の数量を予測するにはどうすればよいか？	目的に応じて資料を集めたり，表現したり，分析したりするにはどのような方法があるのか？　不確実な事象や集団の傾向をとらえるにはどうすればよいか？
小学校低学年	「本質的な問い」	数量を正確にわかりやすく表現するにはどうすればよいか？	
	課題例	〔課題例3〕 [3] 2年1組では，グラフをつかって，クラスをしょうかいするポスターをつくることになりました。あなたがしらべたいこと（例：生まれた月しらべ，すきな給食しらべなど）をグラフにして，クラスのみんなに発表しましょう。（小2）	
小学校中・高学年	「本質的な問い」	比例，反比例とは何か？　数量の関係を簡潔に表現するにはどうすればよいか？	資料を統計的に考察したり表現したりするにはどうすればよいか？　起こりうる場合を順序よく整理して調べるにはどうすればよいか？
	課題例	〔課題例6〕 [6] 地球の温暖化によって，私たちの生活には大きな影響が出るという予想があります。それによれば，その中の一つに，南極などの氷がとけることによって，海面が上昇し，住んでいるところが海になることもあると言われています。現在海面より50cm高いところは，何年後に完全に水につかってしまうでしょうか。海面が上昇する速さについての，次の三つの予想をもとに調べ，レポートにまとめてみましょう。（小6）	〔課題例7〕 [7] （日本の1960年から10年ごとの年齢別人口の割合を示したグラフなどが与えられた上で）これらのグラフを参考にして，自分たちが大人になって働いている，今から20年後の人口ピラミッドを予想してみよう。予想した人口ピラミッドを書いて，そこからわかることをもとに未来の社会の姿を予想し，算数新聞にまとめよう。（小6）
中学校	「本質的な問い」	一次関数とは何か？　座標平面上における直線を決定づけるものは何か？	確率とは何か？　不確実な事象や集団の傾向をとらえるにはどうすればよいか？
	課題例	〔課題例10〕 [10] 次の資料は，福岡市における各年ごとのスギ，ヒノキの花粉の量と前年7月の全天日射量を示したグラフです。毎年，花粉に悩まされている人が多くなってきています。花粉の量は，前年の全天日射量が影響していると言われています。それが正しいとした場合，この資料から今年の花粉の量を予測し，予測の根拠を説明しなさい。（八尋純次先生）	〔課題例11〕 [11] ある年の年末ジャンボ宝くじの当せん金と，1千万本当たりの当せん本数は，右の表のようになっています。この宝くじの当せん金の期待値を求めて，レポートにまとめましょう。

（1）　2012年度に京都市立高倉小学校の小林広明先生が作成した課題に，筆者が加筆した。

（2）　広島県三次市立川西小学校・校内授業研究会（2012年6月15日）の学習指導案。課題文の表現に筆者が若干の修正を行った。

（3）　『小学 算数2年上』教育出版，p.4をもとに筆者作成。

（4）　『平成22年度 三次市立川西小学校 研究紀要』2011年，p.3 課題文の表現に筆者が若干の修正を行った。

（5）　田中耕治編著『パフォーマンス評価』ぎょうせい，2011年，pp.70-71に筆者が若干の修正を行った。

（6）　『みんなと学ぶ 小学校算数6年下』学校図書，p.51をもとに筆者作成。

（7）　同上書 p.75をもとに筆者作成。

（8）　『中学校数学1』学校図書，2012年，p.53に筆者が若干の修正を行った。

（9）　西岡加名恵・田中耕治編著『「活用する力」を育てる授業と評価』学事出版，2009年，p.49に筆者が若干の修正を行った。

（10）　京都大学大学院教育学研究科 E. FORUM『「スタンダード作り」基礎資料集』2010年，p.103に筆者が若干の修正を行った。

（11）　『中学校数学2』学校図書，2012年，p.179に筆者が若干の修正を行った。

パフォーマンス課題において学習者が生み出す作品は，各領域の「本質的な問い」についての理解の深まりの表現であるとともに，そのパフォーマンスの質は数学的な思考のプロセスの巧みさにも規定されます。そこで，内容領域ごとの「本質的な問い」に加えて，数学的思考のプロセスに即して方法論に関する問いも明確化しました。方法論に関する問いについては，数学を創る活動（事象から一般化して得られた結論をさらに数学的に発展的にとらえたり，定理を証明したりすることなど，数学者の「数学する（do math）」活動を重視）と数学を使う活動（数学的モデル化や問題解決など，生活者の「数学する」活動を重視）の両方の視点を含んでいます。

3 パフォーマンス課題を取り入れた授業モデル

パフォーマンス課題を取り入れた単元構成の例として，実生活や実社会で出会うような真正な文脈を軸にした単元構成，単元横断的なメタな問いを軸にした単元構成の二つをあげます。

（1） 中学校2年「一次関数」

兵庫県小野市立河合中学校の木下大輔先生と嘉嶋佐知子先生による実践は，真正な文脈を軸にした単元構成の好例です。表2－5のような，実生活で一次関数を用いる場面に即してパフォーマンス課題が設定されます。単元末に取り組まれるこの課題に向けて，生徒たちは，一次関数の変化のイメージを形成し，

表2－5　「一次関数」の「本質的な問い」や「永続的理解」，課題の例

「本質的な問い」	一次関数とは何か？　座標平面上における直線を決定づけるものは何か？
「永続的理解」	一次関数は，単調増加，もしくは単調減少の連続関数で，グラフは常に直線になる。直線は2点で決定されるが，関数的に見たとき直線を決定するのは変化の割合（変化率）と初期値（y切片）である。
パフォーマンス課題	今もし自分が自動車を購入するとしたら，ガソリン自動車，HV（ハイブリッド）自動車，電気自動車の3つの中で，どれを購入すれば金銭的に一番得をすると思いますか。具体的な根拠もつけて説明しよう。

第2章　教科教育におけるアクティブ・ラーニングの位置づけ方　55

傾きと切片といった知識を獲得し，グラフの描き方を学び，二元一次方程式と一次関数とのつながりを理解し，連立方程式を解くことでグラフの交点を求められることを学んでいきます。そして，学んだことを総合してパフォーマンス課題に協働で取り組むとともに，一次関数についてまとめたレポートを個々人で作成し発表し合うわけです。

　意味理解を伴った数学の世界への認識の飛躍（「わたり」）のために現実生活の場面や素材を手段とするのみならず，この実践例のように，学んだ様々な数学的な知識・技能を，より複合的な生活文脈において総合する（「もどり」）機会を持つことで，概念として学ばれた数学的知識は，現実を読み解く眼鏡（ものの見方・考え方）として学び直されるのです。

（2）　小学校2年「三角形と四角形」

　実生活や実社会の文脈にこだわらなくても，単元を超えて繰り返し問われる各領域の包括的な「本質的な問い」に着目することで，内容習得に縛られず子どもがのびのび思考し，学びがいを感じられる課題を構成しうるでしょう。

　小学校2年生の「三角形と四角形」の単元末で表2-6のような形クイズという課題を設定する場合，いろんな三角形や四角形を組み合わせて自由に絵を描いても，クイズの出し合いの場面では，絵の一部分の図形の名前と答えの理由を聞く展開になりがちです。特に，単元の指導内容の習得のみに教師の視野が限定されているとき，既習の図形のみで作図させ，それが確かに長方形や直角三角形であることを説明するのも，事実上定義を答えればよいような課題に

表2-6　「三角形と四角形」の「本質的な問い」や「永続的理解」，課題の例

「本質的な問い」	身の回りにはどんな形があるのか？　図形はどんなものから構成されているのか？
「永続的理解」	生活の中でみかける「さんかく」や「しかく」といった形は，「三角形」「四角形」と呼ばれる。図形は，辺，面，頂点から構成されている。
パフォーマンス課題	三角形と四角形について調べ，三角形と四角形にくわしくなりましょう。さらに調べたことを使って，正しく形をかきましょう。そして，形クイズをつくり，友達とクイズを出し合って楽しみましょう。

国語科

社会科

算数・数学科

理科

音楽科・美術科

技術・家庭科

体育科

英語科

なるでしょう。これでは，正確に図形を書くことと，学んだ図形の定義が言えることを組み合わせるだけになってしまいます。

これに対して，図2-1のように，京都市立高倉小学校の片山侑美先生，井上宜子先生が作成した形クイズでは，既習の長方形・正方形・直角三角形のみならず，それに似せた違う図形も含めて絵を描いてよいこととし，「この形は長方形でしょうか？」といった具合にクラスメートに問いかけ，その答えと理由（○角形である理由のみならず，そうでない理由も）を説明してもらうという課題になっています。

図2-1　形クイズの例

「図形はどんなものから構成されているのか？」という「本質的な問い」に着目すると，辺，面，頂点といった図形の構成要素に着目して，図形を分析することが重要だと気づきます。そうすると，図2-1の課題のように，この単元で新たに学んだ図形のみならず，それ以外の図形，曲線で囲まれたり，辺で閉じられたりしていないような，定義に合わない図形も含んで絵を考えることができ，学習活動もより自由度の高いダイナミックなものになるわけです。

特に小学校低学年では，実生活で数学を総合的に使う活動（「もどり」の機会）を保障すること以上に，知識の意味理解や量感の獲得が重要です。しかしその際にも，「本質的な問い」を意識してみることで，単元の内容を鳥観的な視野でメタに相対化することができ，単元を超えた領域に固有の思考を促すこともできるでしょう。

また，「永続的理解」を意識することで，次ページ表2-7に示したように，子どもたちの姿についても，ただわかりやすく説明しているかどうかでなく，図形の構成要素に着目した分析ができているかどうかに着目して見るようになるでしょう。ただし，ルーブリックでパフォーマンス課題に取り組む子どもたちの姿を評価する際，1時間の授業内で一人一人について分析や説明ができて

第2章　教科教育におけるアクティブ・ラーニングの位置づけ方　57

表2−7　形クイズのルーブリックの例（片山先生，井上先生作成）

ルーブリック	3	図形の構成要素に着目して，問題の解答を，定義を用いて正しく説明している。
	2	図形の構成要素に着目して，問題の解答を，説明している。
	1	【支援】解答の記述が書きにくい児童には，定義を確認することで，問題の解答を記述し，説明できるようにする。

いるかどうかをきっちり評価しようとして，クイズの出し合いの場面でも説明を書いて残させるようにしてしまうと，評価はできても学習活動のダイナミズムは失われてしまう危険性があります。2時間かけて取り組まれるクイズづくりとクイズの出し合いとを別々の観点で評価するのではなく，時間をまたいで同じ基準で見るようにするとよいでしょう。クイズづくりにおいて解答もセットで考えさせ，そこで一人一人の理解の深さを評価できるようにしておいて，そこで気になった子について，クイズの出し合いの場面で特に注意して観察するようにするとよいでしょう。ダイナミックな学びを実現すること，学習者を育てることを優先しつつ評価していくのです。

4　まとめと今後の展望

　学習の集大成として単元末や学期の節目にパフォーマンス課題を設定するとともに，それに学習者が独力でうまく取り組めるために何を指導し形成的に評価しなければならないかを意識しながら，日々の授業では，むしろシンプルな課題を豊かに深く追求するわかる授業を組織するわけです。さらに，身近な生活とつながっていたり，ゲーム的な要素を持っていたりするパフォーマンス課題は，単元のはじめの方で導入（ちょい出し）することで，単元単位での子どもたちの学ぶ意欲や思考の連続性を生み出すこともできるのです。

　そうして，学期に数回程度，現実世界から数学的にモデル化する思考を伴う問題解決に取り組ませ，その際，表2−4にあげた，領域横断的な方法論に関する「本質的な問い」も意識することで，数学的なモデル化・推論・コミュニケーションの力を長期的に育み評価していくこともできるでしょう。

（石井英真）

4 理科 アクティブ・ラーニング
パフォーマンス課題を活用した授業＆評価モデル

✦ 1 理科におけるアクティブ・ラーニング

　理科のアクティブ・ラーニングとして，どのような授業が想定されるでしょうか。多くの場合，グループでの観察や実験，ものづくりを行う授業や実験から得られたデータを分析して，自分たちの考えについて討論する授業などがイメージされます。理科では，従来からこのような協働で問題解決をする授業が行われており，アクティブ・ラーニングで志向される外的活動の充実した授業や活動が比較的考えやすい教科の一つと言えるでしょう。

　しかし，このような問題解決型の授業が必ず子どもの思考を活性化し，省察的で学びの質を深める授業につながるのでしょうか。具体的な授業場面で考えてみましょう。小学校4年生の電気の単元では，モーターカーづくりがよく行われます。この活動では，児童がモーターカーを速く走らせようと回路の種類や導線の長さなどを工夫し，共有し，その中で直列回路などの特性や光電池の性質の理解を深め，活用することがめざされます。しかしながら，これらの活動も，児童が既有の理解とモーターカーの作成を結びつける機会がなければ，単なる工作の活動となってしまうかもしれません。

　また小学校5年生の発芽の単元では，いんげん豆の発芽に必要な要素を特定することが目標となります。そこでは，水以外の温度や空気といった条件を同じにした栽培セットを2つ用意し，水を与えるという点にだけ変化を加えます。しかし，このような実験でも手順が料理のレシピのように教師や教科書から一方的に細かく提示されることで，対照実験など実験方法の意義を理解しない，単なる作業に陥る危険性があります。また，実験結果の議論をする際にも，結果を各々の児童が発表するだけで，結論を教師がまとめるならば，発表が考察

第2章 教科教育におけるアクティブ・ラーニングの位置づけ方 59

を深める手段ではなく，自己目的化する可能性もあります。

　理科のアクティブ・ラーニングがこのような活動主義に陥らないように，学習内容を深めるような課題に子どもたちを取り組ませて，科学者や技術者のように問題を思考するとともに，その思考過程を省察によって自覚させる必要があります。本節では「本質的な問い」を主軸に据えたパフォーマンス課題を用いることで，この課題に対応した理科の授業について考えてみましょう。

◎ 2 理科における「本質的な問い」とパフォーマンス課題

　深い理解をもたらすパフォーマンス課題を考えるには，「本質的な問い」と「永続的理解」を明文化する必要があります。理科では，粒子やエネルギーなどの科学的な概念を学ぶという側面と，実験や観察を行い，そこで得られたデータを分析するといった探究の方法を学ぶという側面があります。この二つの側面を考慮すると，「身の回りの事象や自然現象はどのような仕組みだろうか？」という科学的な概念に関する問い（概念理解を扱うもの）と，「身の回りの事象や自然現象はどのように探究できるだろうか？」という科学的な探究の思考過程や方法に関する問い（方法論を扱うもの）の二つの理科の包括的な「本質的な問い」が考えられます（第1章第2節（pp.23-24）を参照）。

　この包括的な「本質的な問い」に対応して，領域や単元ごとの「本質的な問い」と「永続的理解」を明文化します。理科では，科学的な概念と，それを獲得する方法の二つを明らかにする必要があります。例えば，小学校5年生の溶解の単元ならば「ものは水に溶けると，小さな粒となり，均一な状態に拡散し，透明な溶液となる。ものが溶ける量は水の温度や量によって変化する。これらは，条件統制した実験を行い，結果を解釈したり，モデル等を用いて推論したりすることで確かめられる」といった「永続的理解」が考えられます。

　このような「本質的な問い」や「永続的理解」に対応してパフォーマンス課題が設定されます。次ページ表2-8は領域や単元ごとの「本質的な問い」とパフォーマンス課題を例示したものです。では実際の授業ではどのように実践されるのでしょうか。次に具体的な実践例に即して検討してみましょう。

表2−8　理科における「本質的な問い」とパフォーマンス課題の例

		エネルギー	粒子
問い		（内容）身の回りの事象や自然現象はどのような仕組みだろうか？	
内容		エネルギーとは何だろうか？	物質の性質や物質の変化はどのような仕組みだろうか？
方法		エネルギーの性質はどのように探究できるだろうか？	物質の性質や物質の変化はどのように探究できるだろうか？
小学校	内容	電気・磁石・光・風・ゴムは，どのような働きをするのか？	ものが水に溶ける現象はどのような仕組みだろうか？
	方法	上記の働きは，どのように確かめられるだろうか？	ものが水に溶ける現象をどのように探究できるだろうか？
	パフォーマンス課題	〔課題例1〕[1]あなたは近所で有名なおもしろ理科博士です。風やゴムの働きを数や表を使って，小学校の子どもたちにわかりやすく説明できる玩具を開発しましょう。そして，最後にはその玩具を使ってゲーム大会を開きましょう。（小早川覚先生）	〔課題例2〕[2]今流行のパンケーキをつくろうとして，小麦粉と砂糖を混ぜるところを，間違えて小麦粉と食塩を混ぜてしまった。食塩だけを取り出すにはどうしたら良いだろう。根拠を明確にして実験計画書を作成し，それに即して実験を行い，小麦粉と食塩を分離しよう。（長野健吉先生）
中学校	内容	エネルギーはどのように使われているだろうか？	化学変化はどのような仕組みだろうか？
	方法	利用しているエネルギーは，どのように分析できるだろうか？	化学変化はどのように探究できるだろうか？
	パフォーマンス課題	〔課題例5〕[4]テーマパークでは，派手な動きをするアトラクションが人気ですが，昨今のエネルギー事情や地球環境を考えると，できるだけ環境にやさしいアトラクションが望まれています。そこでアトラクションを動かしているエネルギーを探り，そのエネルギーの損失を少なくしたり，エネルギーを再利用したりする工夫を加え，自分の考える環境にやさしいアトラクションを考案し，提案しなさい。（下川智紀先生）	〔課題例6〕[5]あなたはある学校の理科の実験助手の仕事についています。ある日，実験室の整理を頼まれ，薬品棚などを掃除していると，ラベルのはがれた黒い粉の入った瓶が出てきました。あなたは自分でその薬品が何かを調べてラベルをはることにしました。実験室にあるもので物質を調べる実験を考え，実験計画書を作りなさい。その上で実際に実験を行い，結果とその考察を書きなさい（根拠を述べて黒い粉の物質名を明らかにすること）。（井上典子先生）

（1）　小早川覚「理科の実践事例」香川大学教育学部附属高松小学校『パフォーマンス評価で

（2）　大貫守「パフォーマンス評価とICTを用いた理科の授業設計に関する一考察」『教育方

（3）　伊住継行「大地のつくりと変化（Unit101）」京都大学大学院教育学研究科E. FORUM
　　干の修正を行った。

（4）　下川智紀「導かれるエネルギー」田中耕治編『パフォーマンス評価』ぎょうせい，2011

（5）　井上典子「理科」京都大学大学院教育学研究科E. FORUM『スタンダード作り』基礎

（6）　井上典子「『逆向き設計』による指導案の作成と『パフォーマンス評価』」西岡加奈恵編
　　の修正を行った。

第2章　教科教育におけるアクティブ・ラーニングの位置づけ方　61

（大貫守編集）

生命	地球
（方法）身の回りの事象や自然現象はどのように探究できるだろうか？	
生物の体のつくりや成長，環境とのかかわりはどのようであるか？	地球の内部や表面および周囲で生じる事象はどのような仕組みだろうか？
生物の特徴はどのようにとらえることができるだろうか？	地球上の事象はどのように探究できるだろうか？
身の回りの生物の体のつくりや成長はどのようであるか？	大地の構成と自然災害はどのような関係があるのだろうか？
身の回りの生物の特徴はどのようにとらえることができるだろうか？	大地の構成や自然災害はどのように探究できるだろうか？
〔課題例3〕クラスみんなで図書館に置く学校の植物・昆虫図鑑をつくる事になりました。学校の回りにいる昆虫を見つけて，観察やスケッチをして，すみかや特徴をまとめましょう。その際，他の昆虫と比較して特徴をとらえるようにしましょう。（筆者作成）	〔課題例4〕[3] あなたは，新米の学校建築家です。国から新築の校舎の建築を依頼されました。建築にあたり，防災の関係上，校舎の基盤となる地面についてボーリング調査を行わなければなりません。そこで，地面のつくりや構成物に着目して，土地がどのように構成されているのかを報告する調査報告書を作成しましょう。（伊住継行先生）
植物の成長やつくりやはたらき，環境との関わりはどのようであるか？	星や惑星は，時間や季節によってどのような仕組みでどのように動くのだろうか？
植物の特徴はどのようにとらえることができるだろうか？	星や惑星の変化はどのようにとらえることができるだろうか？
〔課題例7〕あなたは，小学校高学年から中学生向けの科学コラム（記事）を新聞に書いています。今月は「植物のからだのつくりとはたらき」をテーマに書いています。前回は「花」について書きました。今回は植物の「根・茎・葉の基本的なつくりとはたらき」について書くことになりました。植物の光合成・呼吸・蒸散をはたらきの中心において記事を書きましょう。読者にわかりやすくするために，必ず図をつけること。（井上典子先生）	〔課題例8〕[6] あなたはプラネタリウムの職員です。（1）小学生の子どもたちに星の1日の動きを説明することになりました。実際には星は動いておらず，地球が自転していることを示しながら，3つの星（地軸の近くの星，少し離れた星，大きく離れた星）がどう動いて見えるのかを説明しなさい。天球上に3つの星の動く道筋を描いて示すこと。（2）中学校1年生の生徒たちに，四季の星座がなぜ移り変わるのかを説明することになりました。図を描いて，それを使いながら説明しなさい。（井上典子先生）

授業改革』学事出版，2013年，pp.90-91の課題に若干の修正を行った。
法の探究』2015年，pp.21-28を参照。
「E. FORUM Online（EFO）」（http://efo.educ.kyoto-u.ac.jp/）（2016年7月20日）の課題に若

年，p.161の課題に若干の修正を行った。
資料集』2010年，p.139の課題に若干の修正を行った。
『「カリキュラム設計」への招待』（科学研究費成果報告書）2006年，pp.151-158の課題に若干

3 パフォーマンス課題を取り入れた授業モデル

　本節では，パフォーマンス課題を取り入れた実践例として，小学校6年生の燃焼の単元と，中学校1年生の物質のすがたの単元を見てみましょう。

（1）小学校6年「ものの燃え方」

　単元「ものの燃え方」では，物質が燃える現象について，その前後での物質の周りの環境の変化（空気の割合など）に着目し，その要因を追究します。たとえば，密閉した瓶の中でろうそくを燃やした時に，気体検知管を用いることで，その前後で酸素と二酸化炭素の割合が変化していることに気づき，ろうそくが燃焼するためには酸素が必要であることを推論する活動が考えられます。

　この単元について，長野健吉先生（当時，京都市立錦林小学校）は，「本質的な問い」や「永続的理解」，パフォーマンス課題を表2-9の形で設定しました。「永続的理解」で記されているように，ものが燃えるためには三つの要素が必要であり，それらを基盤にものが燃える仕組みについてモデルなどを用

表2-9　「ものの燃え方」の「本質的な問い」や「永続的理解」，課題の例

	「ものの燃え方」		
内容	どのような仕組みでものが燃えるだろうか？	方法	ものが燃える仕組みはどのように探究できるだろうか？
「永続的理解」	ものが燃えるには，酸素と温度と燃えるものという3要素が必要である。ろうそくなどが燃える前後では，酸素が失われ，二酸化炭素が生成する。これは，気体検知管の指標や石灰水が二酸化炭素と反応し白く濁ることから確かめられる。この証拠を基盤にモデル等を用いて推論することで，ものが燃える仕組みを捉えることができる。		
パフォーマンス課題	あなたはベテランの消防士です。ある日，火事の現場（洋服店）に駆けつけたところ，建物の中は，炎が上がっていない状態でした。そこで，新人の消防士が扉を開けて中に入ろうとしました。あなたは「バックドラフト現象」を思い出し，とっさに「開けるな」と叫び，彼を止め，時間が経った後に適切に消火活動を行いました。後日，その消防士に止めた理由を説明しようと思いました。論理的に説明するために，「バックドラフト現象」と「燃える」ということをB4のレポートにまとめ，それをつかって説明しようと思います。どのようにまとめることができるでしょうか。（長野健吉先生と筆者で作成）		

第2章　教科教育におけるアクティブ・ラーニングの位置づけ方　63

いて推論し，説明することが目標として考えられます。この理解と対応して，
「バックドラフト現象」について説明する課題を長野先生は設定しました。

　長野先生は，先の3要素の理解を中心に授業を組織しました。まず第1時で
児童は，消防士が「バックドラフト現象」を起こし，煙や炎が急激に上がる様
子を実際に動画で見ます。これにより，この現象に興味を持った児童たちは，
「なぜこの現象（バックドラフト現象）が起こるのか？」という疑問を持ち，
課題解決の文脈に参加していきます。パフォーマンス課題の解決に至るまでに，
たとえば水の入った紙鍋をバーナーで熱しても燃えないことから，燃えるには
一定の温度が必要であることなど必要な学びを積み重ねていきます。

　パフォーマンス課題に取り組む時間には，これまでの学びを基盤に，解決に
必要な情報を選び出し，レポートを作成します。表2－9の課題文だけでは，
実際の現象を説明するには情報が足りないので，児童は必要な情報について長
野先生に質問をする場面が授業内で設定されます。そこでは，「建物の中の温
度はどの程度なのか？（発火点への着目）」，「建物は，どのような状態であっ
たのか？（密閉状態の確認）」など，自分に必要と思われる質問をグループで
考え，それらも証拠として使用しながらレポートを作成します。この中で，既
存の学習を自分のものとし，使いこなすことができるようになります。

（2）　中学校1年「いろいろな物質」

　単元「いろいろな物質」は，有機物や無機物，金属の性質について密度や物
質の変化を確かめることで学習するものです。たとえば，プラスチックを瓶の
中で燃焼し，そこに石灰水を入れることで二酸化炭素が発生していることに気
づき，有機物は燃焼によって二酸化炭素が発生することを学習します。

　この単元の「本質的な問い」や「永続的理解」，パフォーマンス課題として，
次ページ表2－10のものが考えられます。「永続的理解」で示されるように，未
知の固体の物質を区別するためには，加熱による変化によって有機物と無機物
を区別したり，金属の性質を用いることで，金属とその他の無機物を見分けた
りする方法が考えられます。この理解と対応した課題として，井上典子先生（当

表2−10 「いろいろな物質」の「本質的な問い」や「永続的理解」，課題の例

「いろいろな物質」			
内容	物質の性質とは何か？	方法	物質はどのように探究できるだろうか？
「永続的理解」	有機物は，加熱すると黒く焦げて二酸化炭素を発生させる物質であり，これにより無機物と区別される。無機物の中でも，金属は光沢や電気伝導性，展性・延性といった性質をもつ。無機物と金属は，電流を流したり，磨いたりすることで区別される。各々の物質に固有の性質として，これらの物質は固有の密度をもっており，メスシリンダーや天秤を用いて密度を求めることでこれらの物質が区別される。		
パフォーマンス課題	あなたは庭に埋もれていた箱の中にメダルをいくつか見つけ出しました。メダルの形や大きさはさまざまですがすべて銀色をしています。このメダルが本物の銀か銀でない金属か，もしくはプラスチックなのかを確かめたいと考えました。そのための実験計画書を作成しなさい。ただし，何を確かめるためにその実験を行い，どのような結果が出ればどう考えるかという仮定を前もって示しなさい。実験計画書には実験方法とその結果や考察を書く欄も作りなさい。（井上典子先生）		

（井上典子「実験計画を立てる」西岡加名恵編著『「逆向き設計」で確かな学力を保障する』明治図書，2008年，pp.101-109を参考に筆者が作成）

時，京都市立衣笠中学校）は，表に記したパフォーマンス課題を設定しました。

　井上先生は，この課題の解決に向けて単元の内容の配列を工夫しました。たとえば，パフォーマンス課題を解決するためには，加熱などの実験操作や密度などの科学的な概念を習得する必要があります。そこで，生徒にはガスバーナーの使い方を身に付け，それを使って砂糖などの複数の白い粉を加熱し，有機物と無機物を区別する方法を学ぶ機会が提供されます。また，実験結果のまとめ方やそれを基盤に考察することの重要性を生徒が自覚するよう，実験報告書を生徒が作成する活動を，実験ごとに繰り返し与えています。

　パフォーマンス課題では，既習の理解や経験を活かすように実験計画書の作成を行います。たとえば，生徒の実験計画書には，メダルをやすりでこすることで光沢が得られるか，得られなければ次にどのような実験を行う必要があるのかが明確に記述されています。このように，個々の操作を行う目的を念頭において研究計画を立てさせることで，個々の手続きの意義を理解し，目的に照らして実験の手続きを省察する力を育成することができます。

第2章　教科教育におけるアクティブ・ラーニングの位置づけ方　65

📝 4 まとめと今後の展望

　今回実践例として取り上げたものは，小・中学校の単元でしたが，高等学校におけるパフォーマンス課題も同様の方法で考えられます。たとえば，高等学校の生物領域の実践として，「コハク酸脱水素酵素の実験」（大阪教育大学附属高等学校天王寺校舎・森中敏行先生）があげられます。この実践では，教科書で扱われるコハク酸（基質）に酵素を用いて水素を取り除く実験（脱水素酵素の実験）を行わせる中で，対照実験用に作成した酵素を入れていない試験管からも酵素反応が生じるという既有知識と矛盾する状況に生徒を直面させます。次にその矛盾を解決するために，たとえば，内在基質の存在を仮定し，検証実験の計画・実施させるプロセスを辿らせます（森中敏行「脱水素酵素実験を教材に科学的思考力を育成する」『大阪教育大学附属高等学校天王寺校舎第62回教育研究会指導案』2015年11月7日実施）。このような取り組みも，問題について自らの知識を総動員して科学者のように思考し，実験結果をもとに省察し，理解を深めるパフォーマンス課題の一つとして考えられます。

　理科におけるアクティブ・ラーニングを，単に観察や実験，ものづくりといった活動の姿でとらえ，その実施を目的に据えるのではなく，それらを手段として「本質的な問い」から導き出される「永続的理解」の獲得をめざすことが大切です。それに向けて，子どもが思考する必然性のある魅力的なパフォーマンス課題を作成することが，今後教師に求められる力量となります。

　加えて，パフォーマンス課題に十全に取り組むことができるように，カリキュラムをマネジメントすることが不可欠です。たとえば実践例のように，パフォーマンス課題を単元全体に埋め込み，課題解決に向けて必要な要素を精選し，構造化すること（「ミクロの設計」）や問いの入れ子構造を意識し，類似のパフォーマンス課題を単元縦断的に繰り返し提示すること（「マクロな設計」）が一つにはあげられます（第1章第2節（pp.24-25）参照）。このように教師自身が，教科での子どもの学びを設計していくことが，今後各学校・各教室でアクティブ・ラーニングを実践する上で必要です。　　　　　　　（大貫　守）

5 音楽科・美術科 アクティブ・ラーニング
パフォーマンス課題を活用した授業＆評価モデル

1 音楽科・美術科におけるアクティブ・ラーニング

　芸術系教科の授業は，歌唱や器楽の演奏，絵画や彫刻の制作といった子どもたちの活動を中心として進められます。そのため，芸術系教科においてアクティブ・ラーニングは目新しいものではない，と多くの人が考えるのではないでしょうか。

　しかし，芸術系教科におけるアクティブ・ラーニングにはしばしば陥りやすい問題があります。その一つは，一見活発に活動しているようにみえて，その活動を通して何を学習したのかがはっきりしない場合です。この場合，身に付けさせたい力を明確にすることでひとまず問題は解決に向かいます。厄介なのはその先にあるもう一つの問題です。それは，芸術における個別の知識・技能の習得や諸要素の働きの理解等に学習が焦点化するあまり，子どもの創造的な表現や鑑賞の営みがもたらされない場合です。これは，学習の質に関わる問題と言えるでしょう。

　芸術系教科においては，先人による芸術文化の内容や方法を深く理解することと，それらにアプローチしながら創造的な行為を行い，自分にとっての意味や価値を創りだしていくことが子どもたちに求められます。芸術文化の深い理解と子どもたちの創造的行為の統合こそ，芸術系教科においてめざすべき質の高いアクティブ・ラーニングと言ってよいでしょう。自分と異質なあるいは同質な世界としての芸術文化（作品，技，素材，方法等）に関わり合い，それらと対話しながら自らの生における創造的な行為としての表現や鑑賞を営み，その経験と価値判断を深めていく，こうした螺旋状に高まっていく子どもたちの学習のイメージを持つことが大切です。

第 2 章　教科教育におけるアクティブ・ラーニングの位置づけ方　67

　そのためのポイントは，各単元において焦点化される個別の知識や技能を，表現と鑑賞の創造的な営みを深めていく契機としてとらえることです。このことを実現するために，「本質的な問い」とパフォーマンス課題を活用することができます。

◎ 2 音楽科・美術科における「本質的な問い」とパフォーマンス課題

　次ページ表 2 −11，表 2 −12は，それぞれ音楽科（小学校・中学校），美術科における「本質的な問い」とパフォーマンス課題の例です。これらは，現行の学習指導要領の内容をもとに，表現，鑑賞という営みを「本質的な問い」の柱として作成したものです。

　表中の単元レベルの「本質的な問い」は，各単元において焦点化される知識や技能の活用に関わるものです。一問一答で答えられない「本質的な問い」を追究する単元を設計することで，知識や技能の習得にとどまらない，深い学習をもたらすことができます。実際は，各問いが単元で扱う内容に沿って具体的なものになります。

　ここで大事なことは，単元レベルの問いを包括する「本質的な問い」があることです。包括的な「本質的な問い」は，知識や技能の活用を総合し，自らの生において営む創造的な表現や鑑賞に関わるものと言えます。芸術系教科の学習においては，これまでもある楽曲を演奏したり一枚の絵を描いたりする中で個別の知識や技能が使われてきた部分もあります。包括的な問いを意識することは，そうしたこれまでの活動を子ども一人ひとりの創造的な営みへと深める契機となるでしょう。

　実践の際には，「本質的な問い」に対応する「永続的理解」を明らかにしておくことが必要です。たとえば，「美術作品の作者の心情や表現の工夫はどのように読み取れるだろうか？」という単元の問いに対しては，「作者の心情と表現の工夫は正解があるものではないため，作品の内容や形，色彩，材料，表現方法などから自分なりの根拠をもって読み取ることが大切である」という「永続的理解」が想定されます。各単元を通じて繰り返し問われる，「美術鑑賞

68

表2−11 音楽科における「本質的な問い」とパフォーマンス課題の例（小山英恵編集）

領域等		表現		鑑賞
		歌唱・器楽	創作（音楽づくり）	
「本質的な問い」	包括的	・私はこの音楽をどのように表現したいのだろうか？それはどのように表現できるだろうか？ ・楽曲の表現とはどのようなことだろうか？	・私は音楽で何をどのように表現したいのだろうか？それはどのように表現できるだろうか？ ・音楽表現とはどのようなことだろうか？	・様々な音楽に，私は何を感じるだろうか？またそれらは私にとってどのような価値をもつだろうか？ ・音楽鑑賞とはどのようなことだろうか？
	単元レベル	・この楽曲の歌詞の内容や曲想にふさわしい表現をするためにはどのように工夫すればよいだろうか？ ・この楽曲にふさわしい発声や楽器，奏法はどのようなものだろうか？ ・どのようにしたら自分の歌声や演奏を全体の響きの中で調和させることができるだろうか？	・即興的な表現はどのようにできるだろうか？ ・言葉や音階の特徴からどのような旋律ができるだろうか？ ・様々なイメージはどのような音素材を用いてどのように構成すれば音楽にすることができるだろうか？	・この音楽のよさや美しさ（情景，表情，味わい等）は，音楽の要素や構造とどのように関わっているのだろうか？ ・この音楽の特徴は，その背景となる文化・歴史や他の芸術とどのように関連しているのだろうか？（中学校） ・我が国や郷土の伝統音楽及び諸民族の音楽はそれぞれどのような特徴をもっているだろうか？（中学校）
	パフォーマンス課題	〔課題例1〕[1]（小学校4年）合唱コンクールで，響きのある，美しい，心が一つになった合唱を，聴いている人に届けましょう。そのために，自分たちの合唱を振り返り，直したいことと，それを解決するための方法を考えながら学習活動を進めます。この歌の思いを伝えるためには，どんな歌い方をしていくとよいか考えながら，みんなで一つの合唱をつくりあげていきましょう。（和中雅子先生）	〔課題例2〕[2]（小学校4年）組曲「4年緑組の思い出」をつくりましょう 組曲の鑑賞で学んだように，一つ一つの音楽では様子や気分を表すふしが大切です。これまでのふしづくりの経験を生かして，それぞれの場面の様子や気分を思い浮かべながら，クラスの思い出が伝わる音楽を完成させましょう。（和中雅子先生） 〔課題例3〕[3]（中学校1年）祭りのイメージをメロディで表そう 祭りをテーマにして，日本の音階（5音音階）を用いて曲を作りましょう。発表会では，創作したメロディについて，どのようなイメージで創り上げたのか，説明をし，作品を披露してください。（杉山利行先生）	〔課題例4〕[4]（中学校1年）エッセイ「私が聴いた『ブルタバ』」を書こう あなたはエッセイストです。エッセイ「私が聴いた『ブルタバ』」の執筆依頼がきました。エッセイの読み手は，楽曲の一般的な知識（解説）を知ることだけでなく，書き手であるあなたの個人的な思いや経験を味わいたいと思っています。（中略）エッセイストであるあなたは，楽曲の背景や音楽的特徴について学習したり，友だちの感じ方を参考にしたりしながら，自分の感性で『ブルタバ』を聴き，自分にしか書けないエッセイ「私が聴いた『ブルタバ』」を完成させてください。（上原祥子先生）

（1） 和中雅子「事例6『思いを込めたハーモニーを届けよう』音楽」田中耕治編著『パフォーマンス評価──思考力・判断力・表現力を育む授業づくり』ぎょうせい，2011年，p.104

（2） 和中雅子「第4学年　音楽科『様子や気分を思い浮かべて』」『香川大学教育学部附属高松小学校　研究発表会提案資料』2011年2月4日

（3） 杉山利行「音楽科」西岡加名恵・田中耕治編著『「活用する力」を育てる授業と評価　中学校──パフォーマンス課題とルーブリックの提案』学事出版，2009年，p.85

（4） この実践は，2016年2〜3月に行われたものである。

表2－12　美術科における「本質的な問い」とパフォーマンス課題の例（小山英恵編集）＊

領域等		表現		鑑賞
		絵や彫刻などの制作	デザインや工芸の制作	
「本質的な問い」	包括的	・私は，絵や彫刻などによって何をどのように表現したいのだろうか？それはどのように造形にすることができるだろうか？ ・絵や彫刻の制作とはどのようなことだろうか？	・私はどのようなデザインや工芸を制作したいのだろうか？　それはどのように造形にすることができるだろうか？ ・工芸やデザインの制作とはどのようなことだろうか？	・様々な美術作品に，私は何を感じるだろうか？またそれらは私にとってどのような価値をもつだろうか？ ・美術鑑賞とはどのようなことだろうか？
	単元レベル	・絵や彫刻の主題はどのように生みだすことができるだろうか？ ・主題を効果的に表現するにはどのように構想すればよいだろうか？ ・表現意図はどのようにすれば表現することができるだろうか？ ・制作を効果的，効率的に進めるにはどのような順序で進めればよいだろうか？	・目的や条件から，どのように表現の構想を練ることができるだろうか？ ・伝えたい内容を多くの人に伝えるためにはどのように構想すればよいだろうか？ ・機能と美はどのように調和するのだろうか？ ・表現意図はどのようにすれば表現することができるだろうか？ ・制作を効果的，効率的に進めるにはどのような順序で進めればよいだろうか？	・この美術作品／自然の造形的なよさや美しさ，作者の心情・意図や表現の工夫，機能と美の調和はどのようなものだろうか？ ・生活を美しく豊かにする美術の働きとはどのようなものだろうか？ ・日本の美術文化の変遷や作品の特質はどのようなものだろうか？　日本と諸外国の美術文化の相違と共通性はどのような点にあるだろうか？
パフォーマンス課題		〔課題例1〕[5]　「自分」の気持ちを表そう 　これまでの人生やこれからの人生に対する自分自身の思いや考えを形や色，表現方法，描画材料，表現技法を自由に組み合わせながら，自画像を描きましょう。(武田巨史先生)	〔課題例2〕[6]　ユニバーサルデザインに挑戦しよう 　自分が考案したユニバーサルデザインの取扱説明書を作成します。商品としてのキャッチコピーと使用者に対してよりわかりやすい説明文を，以下の条件を踏まえ，考えましょう。 ・色や図は自由に使用してよい。 ・デジカメも使用可能。(武田巨史先生)	〔課題例3〕[7]　美術作品の批評に挑戦しよう 　これから取り組む3つの単元において，自分や友人が作った作品のもつ価値について議論し，学んだ内容を駆使しながら批評してみよう。(武田巨史先生)

（5）　武田巨史「美術科」西岡加名恵・田中耕治編著『「活用する力」を育てる授業と評価　中学校──パフォーマンス課題とルーブリックの提案』学事出版，2009年，p.97

（6）　同上

（7）　同上書，p.87

＊　表2－12の内容に関しては鳴門教育大学の山田芳明氏から貴重なご助言をいただいた。山田氏へ心からの謝意を表したい。

とはどのようなことだろうか？」という包括的な問いに対しては，「美術鑑賞とは，美術が訴えかけてくる何かを創造的に感じ取り味わうことである。その際，様々な角度から作品を見つめ，自己をみつめ，また美術文化を幅広く理解することによってその経験を深めることが大切である」といった「永続的理解」を想定することができます。

　このような「永続的理解」をみとる方法が，知識や技能の活用を求めるパフォーマンス課題です。特に，専門家の仕事や日常の芸術活動等を模写する文脈を設定する課題は，真正のパフォーマンス課題として近年注目されています。ここで注意したいのは，芸術系教科では，芸術の行為を社会で活かす「有用性」だけでなく，芸術を営む子どもの生における「意味性」も真正なものだということです。たとえば，パフォーマンス課題「『自分』の気持ちを表そう」（表2-12〔課題例1〕）は，特に社会で有用な文脈を設定しているわけではありません。しかし，子どもたちが自分の人生に対する自身の思いや考えを様々な素材や技法と掛かり合わせながら表現するとき，そこには自分の生にとっての意味や価値を持つ，創造的で深い学習が生まれます。芸術系教科のパフォーマンス課題は，単に知識や技能の活用を求めるだけでなくこのような子どもの生における「意味性」を有するものにすることで，芸術における真正性を伴い，それゆえ学習の質を深めるものとなるでしょう。

3　パフォーマンス課題を取り入れた授業モデル

　さて，芸術文化に関わる理解と子どもたちの創造的行為を統合するアクティブ・ラーニングは，パフォーマンス課題によってどのように実践されるのでしょうか。

（1）　小学校4年「様子や気分を思い浮かべて」

　まず，パフォーマンス課題「組曲『4年緑組の思い出』をつくりましょう」（表2-11〔課題例2〕）に取り組んだ香川大学教育学部附属高松小学校の和中雅子先生による4年の実践「様子や気分を思い浮かべて」をみていきましょう。

第2章　教科教育におけるアクティブ・ラーニングの位置づけ方　71

表2−13　単元構想

時	主な学習活動
1	○パフォーマンス課題を共有する。 ○組曲「くるみわり人形」から数曲を鑑賞し，様子や気分を感じさせるもとを音楽の要素や仕組みと関連させて考えたり，組曲の仕組みを知ったりする。
2	○様子や気分をもとに，クラスの思い出で音楽になりそうな場面を考え，音楽づくりをしていく場面を選ぶ。 ○様子や気分を表すふしをつくる。
3 4	○組曲「くるみわり人形」から行進曲，組曲「アルルの女」から「ファランドール」を鑑賞し，楽しさや面白さを音楽の仕組みから見付ける。 ○自分たちの音楽をよりよいものにしていく方法を，音楽の仕組みを中心に考える。
5	○前時に考えた方法を試し，音楽をつくる。工夫した点や問題点をグループで共有する。
6	○友達の作品から工夫した点を見出し，自分たちの作品を表現豊かにしていくための観点を見つけ，さらに表現を高める。
7	○場面の様子や気分を思い浮かべるのに効果的な楽器なども加えて，音楽を完成させる。
8	○他のクラスの組曲を鑑賞し，音楽の楽しさを味わう。

（和中先生による授業資料をもとに筆者作成）

① 子どもの生にもとづく創造的な表現の営みを求めるパフォーマンス課題

このパフォーマンス課題に子どもたちが取り組んだのは，4年生も終わりに近い2月のことです。この課題は，カレーづくり，いかだ競争，焼き板づくりといった4年生の思い出をもとに鍵盤ハーモニカでふしをつくる課題です。課題を遂行する過程で，繰り返し，問いと答え，重なりという音楽の仕組みと，諸要素（リズム・速度・強弱等）を関わらせて様子や気分を表す音楽をつくる学習が行われます。このようにして，単元で焦点化された音楽の仕組みや諸要素の学習を活かして自分たちの思い出を音楽にしていく創造的な表現の営みが子どもたちに求められると言えます。

② 創造的な音楽表現を深めるプロセスとしての単元構想

この実践では，単元のはじめにパフォーマンス課題を子どもたちと共有します（表2−13参照）。このことは学習への動機づけというだけでなく，音楽の仕組みや諸要素の学習を一連の表現の営みの中で理解させるという点でとても

重要です。学習のゴールを子どもたちと共有した上で，第1時ではまず，鑑賞活動を通して様子や気分を感じさせる音楽の仕組みや要素，組曲について学習します。その後自分たちでふしづくりを試みた後，第3・4時で再び複数の楽曲を鑑賞し，交互に出てくるふしや重なるふしといった音楽の仕組みの工夫を学習して自分たちのふしを改善します。このように，音楽の仕組みや要素の学習は，自分たちの思い出が伝わるふしをつくるための必須のヒントとして単元の中に位置づけられています。

　このような単元構想には同時に，子どもたちが自分の作品を批判的に振り返り，音楽表現を高めていく機会が含まれています。一度ふしをつくった後で楽曲を鑑賞しながら自分たちの音楽を見直したり，友達の作品から工夫点を見出すことで多様な観点から自分の作品を見直したりして，自分の音楽表現を高めていくのです。

　このように，パフォーマンス課題のゴールに向かうプロセスにおいて，単元で焦点化する学習内容や，表現を高める機会を保障することが単元構想のポイントと言えるでしょう。子どもたちには，音高の異なる2音によるせんりつを繰り返したり，その速度を変化させたりすることで「いかだ競争」でいかだをこぐ様子を表現するといったパフォーマンスがみられました。ここに，学習した音楽の仕組みや要素を活用して自分の思い出をふしで表現する創造的な営みをみることができます。

（2）　中学校1年「情景と曲想の変化のかかわり」

　次に，パフォーマンス課題「エッセイ『私が聴いた「ブルタバ」』を書こう」（表2−11〔課題例4〕）を実施した鳴門教育大学附属中学校の上原祥子先生による1年の実践「情景と曲想の変化のかかわり」をみていきましょう。この単元は，連作交響詩「我が祖国」の「ブルタバ」（スメタナ作曲）を鑑賞教材とするものです。

第2章　教科教育におけるアクティブ・ラーニングの位置づけ方　73

表2-14　単元構想

時	主な学習活動
1	○パフォーマンス課題を共有する。 ○「ブルタバ」の各場面について感じ取ったり聴き取ったりしたことを書き留めながら鑑賞し、さらに楽曲全体についてもったイメージをまとめる。
2	○楽曲の背景や作曲者について理解する。 ○「ブルタバ」の後半部分（ブルタバの主題，聖ヨハネの急流，ブルタバが幅広い流れとなる場面）を鑑賞し，楽曲の背景や楽曲に込められた思いと音楽とを関連づけながら鑑賞する。 ○自分が感じたことをグループで共有する。
3	○ブルタバの後半部分を鑑賞し，グループでの共有をもとに音楽から伝わった情景や思いをどのようにスメタナが音楽で表したか確認する。 ○楽曲に込められた様々な思いが自分にとってどのような価値があるのかを，音楽の特徴や楽曲の背景，仲間の意見を参考にしながらエッセイとしてまとめる。

(上原先生による授業資料をもとに筆者作成)

① 楽曲の自分にとっての価値を追究させるパフォーマンス課題

　このパフォーマンス課題のゴールは，鑑賞体験のエッセイを書くことです。一般的な楽曲解説や楽曲紹介ではなく，個人的な経験や見解を綴ることを主とするエッセイをゴールにすることによって，楽曲の知識や，情景と曲想の変化のかかわりの理解にとどまらず，それらを通して自らの感性による主体的な鑑賞を深め，自分にとっての楽曲の価値を見出すことを求めることが，この課題の特徴と言えます。

② 自己内対話を促すはたらきかけ

　楽曲と出会う時から，子どもたちはつねに自らの感性で楽曲全体と深く向き合います。その鍵となるのが，「『ブルタバ』の音楽はどんなことを語りかけてくるだろう」という自己内対話を促す発問です。この発問が，きれいだったといった表層的な聴き方にとどまらずに，より深く聴くためのしかけとなっています。子どもたちには，暗い感じ，明るい感じといった印象だけではなく，「どうにもならない心のなかの葛藤」「失敗を乗り越えて成功した達成感」等を感じとる姿がみられました。楽曲の自分にとっての意味や価値を追究するためには，こうした内面の深い活動を促すはたらきかけが大切になるでしょう。

▌表2−15　パフォーマンス課題のルーブリック

3 すばらしい	・楽曲の背景と音楽の特徴を関わらせ聴き取り，音楽から感じ取ったことを自分のこれまでの経験に置き換えたり，比喩を用いたりして，自分の言葉でまとめている。 ・楽曲全体の流れを把握し，ポイントとなる音楽を形づくっている要素や要素同士のかかわりから生み出される曲想を感じ取り，音楽から感じたことをまとめている。
2 よい	・楽曲の背景と音楽の特徴を関わらせ聴き取り，音楽から感じ取ったことを，学習した内容や共感した仲間の言葉を参考にしながらまとめている。 ・楽曲の一部分について，ポイントとなる音楽を形づくっている要素や要素同士のかかわりから生み出される曲想を感じ取り，音楽から感じたことをまとめている。
1 不十分	・音楽の特徴や楽曲の成り立ちについてまとめている。 ・音楽から感じ取ったことを楽曲の背景やこれまでの学習内容と関わらせず，自由にまとめている。

（上原先生による授業資料をもとに筆者作成）

③　ワークシートの活用

　またこの実践では，学習活動ごとにワークシートを用いています。第1時の楽曲との出会いにおいては，場面ごとに，また楽曲全体から伝わってきたことをワークシートに書きます。第2時においては，「ブルタバ」が描く情景を学習するとともに，チェコがドイツ勢力の圧力下にあった当時のスメタナの祖国独立への思いをワークシートにまとめます。さらに，情景と曲想のかかわりについて，情景や音楽から伝わってくる思いと，音楽的な特徴とを結びつけてワークシートに書き込みます。ここには，他者の感じ方をヒントにして深まった聴き方が書き加えられます。

　こうして子どもたちは，自己と対話し，楽曲について学び，友達と対話しながら自らの聴き方を深めていく体験をエッセイにまとめるという複雑なプロセスを段階的に踏むことができます。一方教師は，楽曲の背景や，情景と曲想のかかわりの細かな理解について各ワークシートで確実にみとることができます。このように，学習の各内容はそれぞれの質に適した方法でみとることが大切です。表2−15のルーブリックから，パフォーマンス課題が学習内容を総合し，楽曲の自分にとっての意味や価値を見出すことに焦点をあてていることが分かります。

第2章　教科教育におけるアクティブ・ラーニングの位置づけ方　75

　子どもたちのエッセイには，「激しさ，音の大きさ，強弱などが増す。急流を表しているのだ。が，私はこのF（聖ヨハネの急流の場面）では川の急な流れとともに，ドイツへの不満，憎しみ，反感，対抗，抵抗といったものも表されている気がする」（括弧内筆者）といった内容がみられました。ここには，解説にあるブルタバ川の情景，楽曲の背景としてのスメタナの祖国独立への思い，情景とそれを表す音楽的な特徴（曲想）とのかかわりなどの学習内容を踏まえながら，自分の感性によって音楽を聴き，価値づける鑑賞の営みをみることができるでしょう。

4 まとめと今後の展望

　以上のように，「本質的な問い」とパフォーマンス課題は芸術系教科におけるアクティブ・ラーニングを単なる活動に陥らせたり，個別の知識・技能や諸要素の働き等の学習にとどまらせたりすることを回避する手立てとなります。そのポイントは，これまでの授業のあり方を大きく変えるというよりむしろ，それを創造的な芸術の営みの深まりのプロセスとしてとらえなおすことにあると言えるでしょう。

（小山英恵）

6 技術・家庭科 アクティブ・ラーニング
パフォーマンス課題を活用した授業＆評価モデル

1 技術・家庭科におけるアクティブ・ラーニング

　今，私たちは自然環境よりも，技術で生み出された人工物の環境の中で生活し，次々に創（作）り出される新しい人工物の選択と，その受け入れの要否に迫られています。しかも，解決すべき課題には複合的な要素が絡み多方面に広がっているため答えが一つに定まらず，容易には解決に至らないことが多いです。今後，技術科教育は，ものづくりなどの実習，観察・実験，調査等の学習活動を通して，現代社会で活用されている多様な技術に関するものの性質・仕組みとその理論を身に付けるだけでなく，市民（シチズン）として習得すべき技術全般に共通する原則・方法を概念的に理解し，必要に応じて活用し，対象とする技術を評価し，課題に対する自分の結論を導き出し，個人・社会としてその技術を管理するための資質・能力を育成する探究的な学習が必要です。

　家庭科教育は，教科独自の背景にある家政学の中心的・体系的概念を歴史的・社会的・文化的な文脈の中でその概念をとらえ，そして，その概念を既有知識・技能や経験と関連づけ，実生活から課題を見つけ，その課題を解決していく資質・能力を育成することが必要です。たとえば，環境問題，消費者教育，食育，福祉・高齢者問題などは，個人と家族にとってより望ましい生活の創造の視点から家庭科の内容を扱いながら，実生活の課題を解決するために必要な家庭科ならではの本質に関わるものの見方・考え方や解釈，処理，表現の方法などの資質・能力を育成する探究的な学習が必要です。今後，技術科，家庭科では，"単なるものづくり"に終始するのではなく，本質を見極めさせるような「本質的な問い」を主軸に，児童・生徒が主体的・能動的に議論に関わり，他者との協働的な深い学びを実現することが重要です。

第2章　教科教育におけるアクティブ・ラーニングの位置づけ方　77

◎ 2 技術科，家庭科における「本質的な問い」とパフォーマンス課題

　技術科は，2008年改訂中学校学習指導要領が示す4構成の内容から「エネルギー変換の技術」について述べていきます。

　この内容で育成する力は，我が国のエネルギー変換の技術開発とその利活用および自然環境保全の重要性を理解し，自然環境の中でのエネルギー変換とその利活用の課題にアプローチし，評価し，管理する資質・能力です。

　次ページ表2－16〔課題例2〕は，「本質的な問い」を「エネルギー変換技術の社会や環境における適切な役割とは何か？」を基軸に据え，「永続的理解」を「エネルギー変換技術の社会や環境における適切な役割とは，新エネルギーや新技術の開発などの環境負荷の軽減を目的とした先端技術の効果と課題について，技術全般における共通な原則や手法を概念的に習得し，技術の中核となる概念（たとえば，システム，トレード・オフ，コントロール，アセスメントなど）を活用し，個人および社会として対象とする技術を様々な制約条件の中で解決策を検討し，その結果を評価し，技術と社会や環境とのかかわりについての理解を深め，技術を合理的かつ適切に評価し，活用・管理するとともに，課題に対する自分の結論を導き出すことである」とイメージします。

　家庭科は，2009年改訂高等学校学習指導要領が示す「家庭基礎」の3大項目から「ホームプロジェクトと学校家庭クラブ活動」について述べていきます。

　表2－17〔課題例3〕は，「本質的な問い」を「よりよい高齢者介護とはどのようなものか？」を基軸に据え，「永続的理解」を「よりよい高齢者介護には，衣・食・住生活の既有知識・技能や経験を活かすとともに，役割分担や生活時間を調整しつつ，家族間で協力することが重要である。また，高齢者の介護は，家族だけで支えるのではなく，社会全体で支える制度である介護福祉サービス（『自宅介護』や『施設介護』）を用いることも必要である」とイメージします。

▌表2−16　技術科における「本質的な問い」とパフォーマンス課題の例
（中学校，北原琢也編集）

（包括的な問い）持続可能な社会のために技術を利用・評価・管理するためにはどうすればよいか。			
・ものづくり技術の社会や環境における適切な役割とは何か？（内容上の問い） ・ものづくり技術の社会や環境において適切に役割を果たすにはどうすればよいか？（方法論上の問い）	・エネルギー変換技術の社会や環境における適切な役割とは何か？（内容上の問い） ・エネルギー変換技術の社会や環境において適切に役割を果たすにはどうすればよいか？（方法論上の問い）	・生物育成技術の社会や環境における適切な役割とは何か？（内容上の問い） ・生物育成技術の社会や環境において適切に役割を果たすにはどうすればよいか？（方法論上の問い）	・情報技術の社会や環境における適切な役割とは何か？（内容上の問い） ・情報技術の社会や環境において適切に役割を果たすにはどうすればよいか？（方法論上の問い）
【課題例1】 あなたは，自宅の食卓用2脚の椅子が傷んでいることに気付き家族に相談すると，「自分で修理をして使う」「家具の専門業者で修理を依頼して使う」「別の製品を購入する」などの様々な意見が出ました。あなたは，この2脚の椅子の使用目的，使用条件など総合的な視点から，比較・検討・判断・選択・決定までの流れを提案しなければなりません。この提案の計画書を作成して発表してください。（筆者作成）	【課題例2】⁽¹⁾ あなたは，「未来の自動車と環境対策」のシンポジウムで，低燃費車の環境対策・リサイクルのしやすさ，自分ができる自動車の利用の仕方，環境への負担軽減について発表することになりました。 【低燃費車の例】 ・電気エネルギーの利用（電気自動車等） ・燃料の工夫（天然ガス車，メタノール車） ・エンジンの改良（直噴エンジン車） ・ガソリンと電気の組み合わせ（ハイブリッド車）など。（筆者作成）	【課題例3】⁽²⁾ 今年栽培したミニトマトは連作障害を起こしやすい作物なので，後輩たちがミニトマトを栽培するのが難しくなります。残された授業は2時間ですが，ミニトマトの連作障害を回避できる適切な後作用作物を選定し，その種をまいてください。1限目はミニトマトの連作障害を回避できる作物を選定し，2限目は制限時間40分で手間がかからないような環境をつくり，選定した後作用作物の種をまきます。（山村俊介先生）	【課題例4】⁽³⁾ 将来，発展が予想される情報技術分野では多くのアプリケーションプログラムが開発されています。例えば，簡単にファイル共有ができる便利なフリーウェアがあります。今後もフリーウェアの開発が進みインターネットを介して流通することが予想されます。今後，著作権の利用の可否が問われます。あなたならどのような情報モラル的な機能をもたせた共有ソフトを開発しますか。（山村俊介先生）

（1）　河野義顕・大谷良光・田中喜美編著『改訂版技術科の授業を創る──学力への挑戦』学文社，2011年，pp.190-191

（2）　京都大学大学院教育学研究科 E. FORUM『「スタンダード作り」基礎資料集』2010年3月，pp.208-209（山村俊介先生が作成された資料を使用し，筆者が一部加筆）

（3）　同上書，pp.202-203（山村俊介先生が作成された資料を使用し，筆者が一部加筆）

第2章　教科教育におけるアクティブ・ラーニングの位置づけ方　79

表2−17　家庭科における「本質的な問い」とパフォーマンス課題の例（北原琢也編集）

（包括的な問い）生涯を通じて，家族の幸福の実現に向けて，より望ましい人間の生活をどうすれば創造することができるのか。

【小学校】	【中学校】	【高等学校】
・家族・家庭とは何か？（内容上の問い） ・よりよい家庭生活を送るにはどうすればよいか？（方法論上の問い）	・快適な衣・住生活とは何か？（内容上の問い） ・快適な衣生活・住生活を送るにはどうすればよいか？（方法論上の問い）	・よりよい高齢者介護とはどのようなものか？（内容上の問い） ・よりよい高齢者介護をするにはどうすればよいか？（方法論上の問い）
〔課題例1〕 「家族に感謝の気持ちを伝えよう！」 ・あなたは，家族に日頃の感謝を伝えることになりました。1年間を通して，下記の視点を参考にして，感謝の文章を書き発表しましょう。 ・感謝を伝える時期 ・自分の生活の見直し ・自分と家族生活の工夫（筆者作成）	〔課題例2〕⁽⁴⁾ 「冷房に頼らず夏を安全で快適にすごそう！」 ・あなたは6人家族で，祖父，両親，小学校4年の妹，5歳の弟がいます。家は2階建てで，4LDKです。先日の家族会議で，最近，電気代が予算オーバーしていることが問題になりました。また，このところ頻発している各地の地震も気になります。さらに，弟がやんちゃになり，お母さんは，ケガが心配でたまりません。そこで，冷房を使わずに家を安全で快適な空間にするにはどうしたらよいか考えてください。（田中早苗先生）	〔課題例3〕 「将来の高齢者介護の在り方を考えよう！」 ・あなた（がた）は，NHK高校講座のビデオ「支えあう社会をめざして」とNHKスペシャル「日本に迫る！介護危機」のビデオを見て，テーマ：「高齢者介護の将来の在り方を考える」を○○市民フォーラムで発表することになりました。発表の内容は，よりよい高齢者介護を行うためには，どのような要素が必要なのかを考え，発表することです。実社会・実生活から課題を見付け，これまで学習してきたことを活かし，その課題解決を目指した，具体的な解決策を（試みた結果などを踏まえ）発表してください。（筆者作成）

（4）　京都大学大学院教育学研究科 E. FORUM『「スタンダード作り」基礎資料集』2010年3月，pp.196-197（田中早苗先生が作成された資料を使用し，筆者が一部修正）

国語科

社会科

算数・数学科

理科

音楽科・美術科

技術・家庭科

体育科

英語科

3 パフォーマンス課題を取り入れた授業モデル

(1) 技術科「未来の自動車と環境対策」

　技術科は，表2－16〔課題例2〕「未来の自動車と環境対策」の授業モデルの概略を述べていきます（河野義顕・大谷良光・田中喜美編著『改訂版技術科の授業を創る――学力への挑戦』学文社，2011年，pp.190-191を参考に，筆者が修正して授業展開）。

　導入では，生徒の目の前で，自動車の排気管の出口に端切れの布をゴムで括って取り付けて，エンジンをかけアイドリング運転を2，3分間する簡単な実験を行い，エンジンをストップして布を取り外し，排気管の出口にあたる箇所を観察させます。その結果，日常あまり気にかけない排気ガスに汚染物質が存在することに気づかせます。実験後，グループワークで深い学びを促す場を設定し，環境問題として指摘されていることをまとめ，発表させます。予想される発表内容は，地球温暖化，オゾン層破壊，酸性雨，砂漠化，森林減少などの「地球環境問題」や，公害，環境ホルモン，大気汚染，水汚染，土壌汚染，放射能汚染，農薬・肥料汚染，海洋汚染などの「地域環境問題」です。

　展開①では，まず，各グループが発表した問題に大いに関係した，実社会の日常で広く利用されている自動車について考えさせ，「あなたは，『未来の自動車と環境対策』のシンポジウムで，低燃費車の環境対策・リサイクルのしやすさ，自分ができる自動車の利用の仕方，環境への負担軽減について発表することになりました」というパフォーマンス課題を伝えます。次に，自動車の何が問題なのか，その問題の解決策は何かなどグループで多様な考えを交流させます。そして，現代社会や近未来社会の環境対策として，自動車の低燃費車についての情報を収集，整理・分析し，まとめを発表させます。予想される発表内容は，LPG自動車や水素自動車などの燃料の代替エネルギー車，ガソリンまたは軽油と代替エネルギーを併用したバイフューエル自動車，動力源にモーターを使用した電気自動車や燃料電池自動車，動力源に内燃機関と電気モーターや様々な補助動力を併用したハイブリッド自動車，そして，研究・開発中の低

公害車の太陽電池自動車などです。

　展開②では，発表された対策の中で実用化されているハイブリッド車（他の低燃費車でも構いません）について詳しく調べるため，近隣の自動車販売店などで「ハイブリッド車」のインタビュー，カタログやビデオカタログなどの情報資料を収集させます。これらの情報資料を整理・分析し，科学的な根拠をもって推論・判断し，将来の自動車は，環境対策やリサイクルなどの要素を盛り込みながら設計されていることの重要性を理解させます。

　まとめでは，生徒自らが未来に向けて自動車を利活用する仕方や自分（たち）ができる環境への負荷を軽減することなど，グループで多様な考えを交流させ，深い学びと広がりを促し，それらを各自でまとめさせます。

（2）　家庭科「ホームプロジェクトと学校家庭クラブ活動」

　家庭科は，高等学校「ホームプロジェクトと学校家庭クラブ活動」の授業モデルの概略を述べていきます。表2-17〔課題例3〕は，高齢者問題（特に高齢者介護）について，個人と家族にとってより望ましい生活の創造の視点から，学校段階における家庭科の学習内容を扱いながら，歴史的・社会的・文化的な影響を考慮し，生徒自身の家庭生活上などの課題にアプローチして，科学的に探究する方法や問題解決の資質・能力を身に付ける課題です。

　導入では，NHK高校講座「家庭総合」（第13回「支えあう社会をめざして～福祉システム～」2013年7月11日）のビデオを視聴して，2000年に始まった介護保険制度は，社会全体で高齢者の介護を支えることが目的だったことを理解させます。次に，高齢者を支える社会的支援には，暮らしを支える支援と高齢者への福祉サービスがあることを理解させるとともに，高齢者介護は，家族・家庭だけで支えるのではなく，社会みんなで支えるものであることの認識・理解を促します。

　展開①では，NHKスペシャル「日本に迫る！　介護危機」（2013年7月11日）のビデオを視聴し，グループで同質・異質の多様な考えを交流させ，高齢者介護の問題として指摘されていることを発表させます。そして，このビデオ

内容は，解決すべき問題が広範囲に及び複合的な要素が入り組み，答えが多様で唯一の正解が得られない内容であることに気づかせ，時間を超えて連続し，世代を超えて繰り返される人類共通の本質的・普遍的な問題として，より広範囲に及んだ領域であることを認識・理解させます。そこで，小・中・高等学校家庭科で学習してきた学習内容を中心に，生徒自らの既有知識・技能や経験などを総動員して，具体的な高齢者問題であるこれからの高齢者介護の将来の在り方に対処し，「よりよい高齢者介護とは何か？」という「問い」を投げかけ，「『高齢者介護の将来の在り方を考える』を○○市民フォーラムで発表することになりました」というパフォーマンス課題を提示します。

　展開②では，グループで課題意識を持ち必要な調査を選別し，高齢者福祉施設などのフィールドワークを通して，高齢者を支える家族の役割や，介助の必要な高齢者を支える地域や社会の福祉サービスなどの情報を収集させます。収集した情報は，KJ法などを使って整理・細分化して関係を導きだし，多面的・多角的に分析させ，課題を設定させます。そこで，この学習が深まりと広がりのある主体的・能動的な学び，協働的な学びを実現するため，設定課題に含まれる家庭科の中心概念と小・中・高等学校家庭科で身に付けた既習知識・技能や経験と関係づけ，家庭科独自のものの見方や考え方，解釈，処理，表現の方法などを駆使し，設定課題の最適解（納得解）を発表させます。

　まとめでは，介護保険制度や高齢者介護における知識・技能の理解だけでなく，「本質的な問い」である「よりよい高齢者介護とはどのようなものか？」を主軸に据え，福祉（高齢者介護など）と家庭科の内容との関連を図った課題解決の大切さに気づかせます。それは，家族・家庭を中心とし，その周辺課程として位置づけられた衣・食・住生活の知識・技能や経験の理解だけでなく，生活の転換や変革を感じ知り，家族・家庭の人間関係を基本にした協力，家事の知識・技能とその役割，生活時間の調整などを考え，どの家庭でも起こりうる高齢者介護問題に関して，家族の一員としての責任やその問題を解決するために協力し合うことの大切さの学びです。そして，家庭科の学習内容が，家族・家庭を築き，地域とのかかわりやつながりを豊かにし，よりよい生活を創

第2章　教科教育におけるアクティブ・ラーニングの位置づけ方　83

造していく上で重要であることを，新たな認識をもって理解させます。

4 まとめと今後の展望

　技術科の学習内容は，現代社会で活用されている多様な技術（材料と加工，エネルギー変換，生物育成，情報）で示されています。今後，技術科教育は，これらの学習内容を通して，技術と社会や環境とのかかわりを理解し，利用し，評価し，管理する資質・能力の育成が必要です。そのため，たとえば「生涯を通じて，人間が適切な生活を営むため，技術と社会や環境はどうあるべきか？」などの教科の本質を見極めさせる包括的な「本質的な問い」を基軸に据え，技術科教育固有の「転移可能な概念」（システム，コントロールなど）や，「複雑なプロセス」（アセスメント，トレード・オフなど）を活用して，論理的に考察する力（「原理や一般化」に関する「永続的理解」）を身に付けさせることが大切です。

　家庭科では，単なる生活技能や技術教育といった知識・技能の習得だけではなく，よりよい生活を工夫・創造するため，体験や実践から習得した知識・技能を実社会や実生活に活用し，身近な生活から社会につながる課題を主体的に見つけ，それらの課題を，地域，人権や福祉，環境などの視点から解決できる資質・能力を育成することが大切です。

　今後，家庭科教育は，学校段階の特徴や系統性・連続性・発展性を踏まえ，たとえば「よりよい家庭や地域の生活を創造するためにはどうすればよいか？（高等学校）」などの教科の本質を見極めさせる「本質的な問い」を基軸に据え，家庭科独自の「転移可能な概念」（「家族・家庭」「地域」「福祉や人権」「環境」など）や「複雑なプロセス」を使いこなせるような「永続的理解」を身に付けさせることが大切です。

　最後に，アクティブ・ラーニング自体が目的化しないようにするため，技術科・家庭科独自の「本質的な問い」を主軸に据えつつ，実社会や実生活の文脈に即した授業づくりが必要であることを理解しましょう。

（北原琢也）

7 体育科 アクティブ・ラーニング
パフォーマンス課題を活用した授業＆評価モデル

1 体育科におけるアクティブ・ラーニング

　単元「バスケットボール」の授業風景をイメージしてみましょう。教師が「試合開始！」と笛を吹くと，生徒たちはボールを取り合い，汗を流してコートを駆け回る。味方にパスをつなぐ。仲間を応援する声が，体育館中に響きわたる。まさしく活発で能動的な授業であり，アクティブ・ラーニングの理念に適っているように見えます。このように，座学による一斉教授への処方箋としてアクティブ・ラーニングが流行する昨今では，それこそ「体育の授業はアクティブ・ラーニングの典型である」との把握が一般的と言えるでしょう。

　では，体育はこのままでよいのでしょうか。岡野昇氏は，「体育は〔中略〕身体活動を伴う教科であるため，とっくに『アクティブに（主体的に）学んでいる』と解釈され，例年通りの授業が特に改善されることもなく展開されていくシナリオ」を想定し，それを「活動あって学習なし」の体育と指摘します（岡野昇「アクティブ・ラーニングは体育の学びをどう変えようとしているのか」『体育科教育』2015年7月号，大修館書店，p.16）。活発さを過度に強調すれば，学びの浅い「活動主義」の授業が誘発されるというわけです。

　体育科の歴史を見返すとき，「動き回っただけ」の授業を生み出してきた事実を看過することはできません。「アクティブ」の強調が，その傾向に拍車をかける可能性は十分にあるでしょう。しかし，活動主義の問題は，日本の体育科教育学が議論してきたテーマでもあります。また，認識や運動技能などの教科内容を重視する授業実践が，現在までに数多く蓄積されています。本節では，これらの研究・実践に学びつつ，活動主義に陥らないための「本質的な問い」や「永続的理解」，パフォーマンス課題を考えることにします。

第2章　教科教育におけるアクティブ・ラーニングの位置づけ方　85

🎯 2　体育科における「本質的な問い」とパフォーマンス課題

　北原琢也氏は，（保健）体育科の包括的な「本質的な問い」として，「どうすれば自主的・継続的に心身の発達と健康の保持増進を図ることができるのか？」を提案しています。この提案は，保健も含めた「健康」が対象となっており，長期的には重要なものです。ただし，たとえば「器械運動」の単元を「健康」と直接的に接続することは難しく，その一領域である「マット運動」では，繰り返し練習することによって，前転や後転が「できる」ことが主要な目標となります。したがって，本節では体育科の主題である「運動技能」に対象を限定し，技能習得の方法論を理解させるための問いを設定します。

　また，技能の習得に加えて，体育科ではそもそもの運動をする意味と，運動の教育的価値が問われてきました。たとえば，友添秀則氏は「身体運動という独自の学習方法を通してなされる体育でしかなし得ない人間形成」を考察しています（友添秀則『体育の人間形成論』大修館書店，2009年，p.16）。運動はこれまで，自己を表現する，面白さを味わう（プレイする）など多様に解釈されてきました。このように，人間が創造した運動（文化）の意味を生徒に考えさせ，運動への認識を深めることもまた体育科の重要な目的と言えます。

　以上を踏まえて，ここでは体育科の「本質的な問い」を「運動をすることにある意味とは何か？」という内容（運動認識）領域と，「運動技能を獲得するためにはどうすればよいか？」という方法領域の二軸でとらえることを提案します。それらに対応する「永続的理解」として，内容領域には「運動には，健康をもたらす効果がある一方で，環境や他者へと身体的に働きかけながら，自己を表現したり面白さを味わったりして世界へ没入し，身体との新たな関係を築くという意味がある」と，方法領域には「運動技能を獲得するためには，必要な体力（筋力，柔軟性など）を備えた上で，反復練習によって基本的なわざの感覚を身に付けるとともに，自身の動きを振り返り，獲得したスキルを統合する練習をするとよい」と設定できるでしょう。そして，この観点から次ページ表2−18のようなパフォーマンス課題が考えられます。

表2−18　体育科における「本質的な問い」とパフォーマンス課題の例 [1]

<table>
<tr><td colspan="3">領域</td><td>体つくり運動</td><td>器械運動・陸上競技・表現運動 [2]</td></tr>
<tr><td rowspan="2">問い</td><td colspan="2">内容</td><td>体つくり運動をする意味とは何か？</td><td>運動・スポーツをする意味とは何か？</td></tr>
<tr><td colspan="2">方法</td><td>体つくりに必要な技能を獲得するにはどうすればよいか？</td><td>各運動・スポーツの技能を獲得するにはどうすればよいか？</td></tr>
<tr><td rowspan="4">小学校</td><td colspan="2">単元</td><td>体ほぐしの運動</td><td>器械運動</td></tr>
<tr><td rowspan="2">問い</td><td>内容</td><td>体の基本的な動きとは何か？</td><td>器械運動をする意味とは何か？</td></tr>
<tr><td>方法</td><td>どうすれば基本的な動きを身に付けることができるのか？</td><td>どうすれば器具を使いこなすことができるのか？</td></tr>
<tr><td colspan="2">課題例</td><td>〔課題例1〕
自分たちが学習したそれぞれの運動の中で，体を動かす楽しさや心地よさを味わった運動が2つ以上組み合わさった運動を見つけて実演しましょう。</td><td>〔課題例2〕[3]：マット運動
自分の力に合ったマット運動の基本的な技を身に付けるために，どのようなことに気を付け，練習をしたかを実演しましょう。（森脇逸朗先生）</td></tr>
<tr><td rowspan="4">中学校</td><td colspan="2">単元</td><td>体力を高める運動</td><td>陸上競技</td></tr>
<tr><td rowspan="2">問い</td><td>内容</td><td>体力を高める意味とは何か？</td><td>陸上競技をする意味とは何か？</td></tr>
<tr><td>方法</td><td>どうすれば効果的に体力を高めることができるのか？</td><td>どうすればよりよい陸上競技のわざを獲得することができるのか？</td></tr>
<tr><td colspan="2">課題例</td><td>〔課題例5〕
あなたは○○中学校で「体力を高める運動」のプログラムを作ることになりました。対象となるのは，○○中学校の1～3年生の生徒です。彼らのライフスタイルを踏まえ，体力を高める狙いや運動の内容を示したプログラムを作成し，実演しながら説明しましょう。</td><td>〔課題例6〕：リレー
○月○日に400mリレーを行います。各グループはタイムを縮めるために，以下の点に留意して計画を立て，練習してタイムを縮めましょう。
①スタートから中間走の走り
②バトンの受け渡し
③チームの技能・体力，安全性などの課題に応じた練習計画</td></tr>
<tr><td rowspan="4">高等学校</td><td colspan="2">単元</td><td>体力を高める運動</td><td>表現運動</td></tr>
<tr><td rowspan="2">問い</td><td>内容</td><td>体力を高める意味とは何か？</td><td>表現運動をする意味とは何か？</td></tr>
<tr><td>方法</td><td>どうすれば効果的に体力を高めることができるのか？</td><td>どうすれば自己を身体的に表現することができるのか？</td></tr>
<tr><td colspan="2">課題例</td><td>〔課題例9〕
あなたは「体力を高める運動」のプログラムを作ることになりました。対象となるのは地域に住む大人たちです。運動や健康，彼らのライフスタイルを調査した上で，実行可能なプログラムを作成し，解説しながらその運動を発表しましょう。</td><td>〔課題例10〕：ダンス
日本舞踊，モダンダンスなど多種多様な踊りの題材から一つを選び，それぞれの文化が発展してきた背景を踏まえながら，踊りの意味を考えましょう。またグループで練習し，一つのまとまりのある動きを創り，曲に合わせて発表しましょう。</td></tr>
</table>

（1）　領域の大枠やパフォーマンス課題例は，北原琢也「E. FORUM スタンダード体育科・保健体育科（第1次案）」京都大学大学院教育学研究科 E. FORUM『「スタンダード作り」成果報告書』2014年3月，pp.40-45を参照した。特に，保健については北原氏の提案を受け継ぐ部分が多い。

（2）　器械運動・陸上競技・表現運動と水泳・球技・武道については，この表中ではページの都合で2つの領域に分かれているが，本節では1つの領域として扱っている。

（3）　森脇先生作成，北原氏修正の課題を，筆者が一部改訂した。

（4）　岡嶋一博「技能に習熟度の差がある生徒たちのグループ学習」西岡加名恵，田中耕治編

第2章　教科教育におけるアクティブ・ラーニングの位置づけ方　87

（徳島祐彌編集）

<table>
<tr><td colspan="2">領域</td><td>水泳・球技・武道</td><td>保健</td></tr>
<tr><td rowspan="2">問い</td><td>内容</td><td>運動・スポーツとは何か？　それらをする意味とは何か？</td><td>健康とは何か？　健康になるとはどういうことか？</td></tr>
<tr><td>方法</td><td>各運動・スポーツの技能を獲得するにはどうすればよいか？</td><td>どうすれば継続的に健康の保持増進を図ることができるのか？</td></tr>
<tr><td rowspan="7">小学校</td><td colspan="2">単元</td><td>泳ぐ運動</td><td>毎日の生活と健康</td></tr>
<tr><td rowspan="2">問い</td><td>内容</td><td>泳ぐ運動をする意味とは何か？</td><td>現代生活での健康とは何か？</td></tr>
<tr><td>方法</td><td>どうすれば泳ぐ運動の技能を獲得することができるのか？</td><td>どうすれば現代において健康な生活を送ることができるのか？</td></tr>
<tr><td colspan="2">課題例</td><td>〔課題例3〕：クロール
学習したクロールの練習から，自分の力に合った練習方法を見つけ出し，その練習効果について，みんなに説明しましょう。説明の際には，クロールの練習を実演してください。</td><td>〔課題例4〕：生活と健康
あなたは1年生に，自分の「健康な生活の送り方」を発表することになりました。「健康の大切さ」「毎日の生活」「健康によい生活のしかた」の3つのポイントを踏まえて発表しましょう。</td></tr>
<tr><td rowspan="7">中学校</td><td colspan="2">単元</td><td>武道</td><td>傷害の防止</td></tr>
<tr><td rowspan="2">問い</td><td>内容</td><td>武道をする意味とは何か？</td><td>安全とは何か？</td></tr>
<tr><td>方法</td><td>どうすれば武道のわざを獲得することができるのか？</td><td>どうすれば身の安全を守ることができるのか？</td></tr>
<tr><td colspan="2">課題例</td><td>〔課題例7〕⁽⁴⁾：柔道
経験者：君たちは柔道部員です。初心者の部員が入部してきたので，柔道の基本的作法と技能をわかりやすく教えてください。
初心者：君たちは初心者として柔道部に入部しました。6時間後に，柔道についての基本的作法と技能を身に付いたかどうかのテストを受けてください。（岡嶋一博先生）</td><td>〔課題例8〕⁽⁵⁾：防災
あなたは町内会長です。今度，町内で防災訓練を行うことになり，その計画を立てる役割を任されました。そこで，具体的にどのような訓練と下準部が必要なのかを考え，防災訓練の計画を考えなさい。なお，訓練の動きが徹底できるよう，訓練の流れが一目でわかるような図をつけなさい。
（岡嶋一博先生）</td></tr>
<tr><td rowspan="7">高等学校</td><td colspan="2">単元</td><td>球技</td><td>社会生活と健康</td></tr>
<tr><td rowspan="2">問い</td><td>内容</td><td>球技をする意味とは何か？</td><td>社会生活と健康の関係は何か？</td></tr>
<tr><td>方法</td><td>どうすればよりよくプレイし，相手に勝つことができるのか？</td><td>健康のために，どのように社会生活と向き合えばよいのか？</td></tr>
<tr><td colspan="2">課題例</td><td>〔課題例11〕：バスケットボール
○月○日に行われる大会に向けて，各チームでの練習や練習試合をしましょう。練習内容，チームでの役割（リーダー，記録係，マネージャー），試合の成績などはポートフォリオに収めてください。最後に，自分たちの練習・試合を振り返りましょう。</td><td>〔課題例12〕：環境と食品の保健
あなたは「食品と健康」をテーマに講演をすることになりました。食品の製造・加工・保存・流通，および食事と健康の関係を調査した上で，健康に暮らすための必要事項を発表してください。また，フロアーからの予想質問のQ＆Aも作成しましょう。</td></tr>
</table>

著『「活用する力」を育てる授業と評価　中学校』学事出版，2009年，pp.100-111を参照。なお，筆者が一部修正した。
（5）　筆者が一部修正した。

3 パフォーマンス課題を取り入れた授業モデル

　では，上記の「本質的な問い」や「永続的理解」に即した授業は，どのように構想されるのでしょうか。以下では，大後戸一樹先生による「フラッグフットボール」の実践，および制野俊弘先生による「走り幅跳び」の実践から，パフォーマンス課題を導入した指導方法への示唆を得たいと思います。

（1）　小学校5年「フラッグフットボール」

　大後戸先生の実践は，広島大学附属小学校の5年生（男子19名，女子20名）を対象として，全23時間で計画されました。23時間の内訳は順に，オリエンテーション①（2時間），作戦作り・練習①（4時間），試しのゲーム（5時間），ポートフォリオ検討会①（2時間），オリエンテーション②（1時間），作戦作り・練習②（2時間），まとめのゲーム（5時間），ポートフォリオ検討会②（2時間）となっています（単元設計の詳細については，木原成一郎「『真正の評価』論に基づくポートフォリオ評価法」木原成一郎編著『体育授業の目標と評価』広島大学出版会，2014年，p.120を参照）。

　まず，オリエンテーションでプロのゲームを鑑賞し，チームで作戦を練り上げます。次に，考えた作戦をグラウンドで練習し，ゲーム形式で試行します。ゲームの後に，大後戸先生らが作成した「戦術理解のルーブリック」を用いてポートフォリオ検討会を行います。検討会の中で，生徒たちはルーブリックの記述語を解釈し，教師と生徒がお互いに評価基準をすり合わせました。教師とすり合わせた評価基準をもとに，「ファイルに綴じた作戦図」や「ボールと人のゲームの軌跡図」を用いて戦術の学習を進めていきます。その後，生徒たちは作戦を練り直し，練習を重ね，よりハイレベルな試合を展開します。

　この実践のポイントは，第4次と第8次にポートフォリオ検討会が組み込まれ，各チームでの自己評価の時間が設けられていることです。検討会で用いられたルーブリックには，「味方の考えた作戦図から作戦の意図・自分の役割を理解し」ていることなど，六つの指標が示されています。生徒は，これらの指

第2章　教科教育におけるアクティブ・ラーニングの位置づけ方　89

標を踏まえてゲーム中にできた／できなかったことを反省し，「次はどうすればいいのか？」を考えます。教師は「敵のいない空間を作り出すこと」などスポーツに共通する有効な作戦を理解させるため，生徒に軌跡図から有効だった作戦を選択させ，その特徴を説明しています。

　このように，ポートフォリオを用いて自分の運動を振り返ることは，フラッグフットボールの試合中に生起する瞬間的な動き（複雑なプロセス）の認識を促進します。そうすることで，「上手くなるためには，ゲームでの自身の動きを振り返るとよい」という技能獲得の方法論が，生徒たちの中に確立されていきます。メタ認知をより一層促す装置として，ルーブリックを作成し，生徒に与えることは有効な手段となるでしょう。この実践で「空間の利用」に焦点を合わせたように，各スポーツに特有の運動技能を繰り返し学習することで，方法論についての「永続的理解」へと至ることが期待されます。

（2）　中学校・走り幅跳び「こんにちは！　パウエル君」

　制野先生の実践は，走り幅跳びに「踏み切り線はなぜあるのか？」という問いを中軸にしながら，計34時間（前半4～6月17時間，後半9～11月17時間）を用いて行われました。単元の前半では，「踏み切り線はあった方がいいか？　ない方がいいか？」という問いを投げかけ，踏み切り線の是非について生徒たちが意見を出し合います。そして，実際に踏み切り線が有り／無しの両方の場合で跳び，跳躍距離を伸ばしていくための技能と認識を高めていきます。18時間目の後には，元陸上選手であるマイク・パウエル氏にインタビューをしています。単元が進むにつれて，「踏み切り線はあった方がいいか？」から「どうすれば遠くへ跳べるか？」という問いへと転換していきました。

　パウエル氏に対して，生徒たちは「なぜ走り幅跳びというスポーツに踏み切り線があるのだと思いますか？」や「私たちは，踏み切りに角度をつけるためにヘルメットをぶらさげて練習していますが，あなたは踏み切りの瞬間どこを見ていますか？」など鋭い質問を投げかけています。パウエル氏からの回答を受けて，生徒たちは助走の力加減や跳ぶ角度にこだわって練習を重ね，跳躍距

表2−19　生徒の文章

「こんにちは，パウエル君」 　こんにちは，パウエル君，あなたは「踏み切り線がなぜあるのですか？」と聞かれた時，「それは測るためだ」と言いました。それは少し違うと思います。あなたが世界記録を出したのは踏み切り線（板）があったからこそです。なぜならば，踏み切り線があったから，正確な助走距離や踏み切り３歩前の技術などができたのです。もし，踏み切り線がなかった場合，助走距離や踏み切り方などがあいまいだったでしょう。ファールがなくなり跳びやすいかもしれませんが，一回一回の跳び方が違うために踏み切り線がある時よりも絶対に跳躍距離は短いと思います。[中略] （世界陸上で）パウエル君はファールをしましたが，９ｍ02を跳びましたね。そのときは，踏み切り線があったからこそファールとなりましたが，踏み切り線があったからこそ９ｍ02というとんでもない距離を跳んだのです。[後略]

（制野俊弘「こんにちは！　パウエル君」宮城・体育の授業研究会編『宮城の体育実践』創文企画，2012年，p.95より一部省略・修正して引用）

離を伸ばすとともに，走り幅跳びへの認識を深めていきました。表２−19は，生徒が綴ったパウエル氏への文章です。自分で積み重ねてきた跳躍の経験から「あなたが世界記録を出したのは踏み切り線（板）があったからこそです」と力強く主張しています。

　助走と跳躍を接ぐ「踏み切り線」の意味を問い続け，「ただ思いっきり走って跳ぶ」ことを超えて，最高距離の跳躍をする境地へと至る。同時に，「踏み切り線」の解釈を自分の言葉で表現する経験によって，運動文化への理解を深める。このような実践は，一方では身体で覚えた動きを対象化し，他方では認識をもとに新たな運動技能を獲得するという，体育でしか成しえない人間形成の営みと言えるでしょう。この実践で用いられている「問い」の追究や，インタビューや綴方の方法を用いた理解の表出は，身体活動の中で得られた感覚（身体知）を認識へと高めるために，重要な指導方法と考えられます。

4　まとめと今後の展望

　本節では，体育科の「本質的な問い」を内容と方法の二軸でとらえ，パフォーマンス課題例を提示しました。また，ポートフォリオ評価法や，問いを追究する授業が重要であることを確認してきました。これらの実践例には，多様な

第2章　教科教育におけるアクティブ・ラーニングの位置づけ方　91

運動を網羅するのではなく，一つの教材に多くの時間を費やし，核心となる概念や運動技能を深く指導している点が共通していることも重要です。

　ここでは，高等学校の事例をみることができませんでした。高等学校では，中学校での内容を超えてより社会的なスポーツの問題，および身体活動とライフスタイルの問題を考える必要があります。たとえば，「生涯にわたってどのように運動・スポーツと向き合えばよいか？」という長期的な視点を「本質的な問い」に含めることが重要になると考えられます。パフォーマンス課題としては，実際のスポーツクラブやオリンピックについて，実情を調査し，自分たちでスポーツ文化を創造するといった経験を組織する必要があるでしょう。

　これまで，日本の体育教師は豊かな授業や教材を生み出してきました（全国体育学習研究会編『「楽しい体育」の豊かな可能性を拓く』明和出版，2008年；体育授業研究会編『よい体育授業を求めて』大修館書店，2015年など）。現在では，授業研究に加えて，各学校での体育カリキュラムの作成が焦眉の課題とされています（丸山真司『体育のカリキュラム開発方法論』創文企画，2015年）。個々の単元の寄せ集めにならないために，小学校6年間（中高なら3年間）の長期的な見通しを持った単元計画が求められているのです。

　この課題に対して，本稿ではカリキュラム編成の入口を示してきました。包括的な「本質的な問い」や「永続的理解」を考えることは，年間指導計画など「マクロな設計」に有効です。各単元の「本質的な問い」やパフォーマンス課題を考えることは，日々の授業・各単元を計画する「ミクロな設計」に有効な手段となります。活動主義に陥りやすい体育科に今求められることは，「逆向き設計」論に即して「マクロな設計」と「ミクロな設計」（第1章第2節（pp.24-25））を往還し，一貫した教科内容の学習を保障する実践をめざすことであると言えるでしょう。

（徳島祐彌）

8 英語科 アクティブ・ラーニング
パフォーマンス課題を活用した授業＆評価モデル

1 英語科におけるアクティブ・ラーニング

　英語科の議論においては，「『英語を使って何ができるようになるか』という観点から一貫した教育目標を設定し，それにもとづき，英語を『どのように使うか』，英語を通して『どのように社会・世界とかかわり，よりよい人生を送るか』という観点から，児童生徒が主体的に学習に取り組む態度を含めた学習・指導方法，評価方法の改善・充実を図っていく」ことが求められています（教育課程企画特別部会「論点整理のイメージ（たたき台）」2015年8月5日）。こうした学習到達目標は，「CAN-DO形式」の目標と言われ，各学校がCAN-DOリストとして設定することがめざされています。

　具体的には，小学校では「馴染みのある定型表現を使って，自分の好きなものや，家族，一日の生活などについて，友達に質問したり質問にこたえたりできるようにする」，中学校では「短い新聞記事を読んだり，テレビのニュースを見たりして，その概要を伝えることができるようにする」，高等学校では，「ある程度の長さの新聞記事を速読して必要な情報を取り出したり，社会的な問題や時事問題について課題研究したことを発表したりすることができるようにする」というように，日常生活から社会問題・時事問題など幅広い話題について，言語活動も課題研究を行うレベルまで求められています。このように，話題の広がりや言語活動の深まりに対応する力，すなわち「思考力・判断力・表現力」がアクティブ・ラーニングを通して育成されることが望まれているのです。

　ただし，「文章を読んで概要をまとめることができる」という目標があっても，「どのような目的や相手意識を持ち，課題を成し遂げるのか」や「どのような文章なのか（構造やテーマなど）」が問われないままでは，上記のような

第2章　教科教育におけるアクティブ・ラーニングの位置づけ方　93

学びの広がりや深まりは一貫したものとなりません。そのためには英語科における「本質的な問い」や「永続的理解」を明確にし，目的や相手を意識したパフォーマンス課題の設定が重要となります。

◎ 2 英語科における「本質的な問い」とパフォーマンス課題

　次ページ表2−20では，英語の4技能ごとに分類（「話すこと」は文科省のCAN-DOリスト作成においても参考とされているCEFRの分類に即してさらに2分類）し，各領域における「本質的な問い」とパフォーマンス課題例を示しています。ここで重要なのは以下の二点です。第一に，現実世界の文脈を意識したパフォーマンス課題は，真正性が高い課題であるほど，課題を成し遂げるために複数の領域が「必然的に」統合した課題となります。たとえば表2−20の「聞くこと」の課題例（中学校）では，英語のニュースを「聞く」活動だけではなく，英語でクイズを作る（「書く」）能力，発表では「読む」「話す」能力も要求されます（そのような意味では，技能ごとに区分した表ではなく統合化した表として示すことも考えましたが，今回はあえて「読むこと」や「聞くこと」といった受信型の領域においてもパフォーマンス課題の意義や意味を示すために4技能ごとに示しています）。

　第二に，それぞれの「本質的な問い」は，従来の英語科において課題とされながらも真正面から取り扱えていなかった点と重なっているということです。たとえば「まとまりのある英語を聞いて，概要や要点を適切に聞き取ること」は従来からの課題でしたが，こうした能力こそ今英語科で求められています。表では，「まとまりのある英語（事物に関する紹介や対話）を聞いて，概要や要点を適切に聞き取るにはどうしたらよいか」という「本質的な問い」を設定しています。こうした問いに対してはたとえば「繰り返されるキーワードや文を的確にとらえ，主題と詳細情報を区別しながら聞くことが大切である。また，接続詞を意識して文と文・段落間のつながりを意識的に聞き取る必要がある」という「永続的理解」が見出され，パフォーマンス課題を通してそのような学習を積んでいくことが求められます。また，「つなぎ言葉」（聞き返しや確認な

表2−20　英語科における「本質的な問い」とパフォーマンス課題の例

領域		読むこと	聞くこと
領域の包括的な問い		書かれたものの主張や思い（概要，あるいは詳細を）を効果的に読み取り，理解するにはどうしたらよいのか。	話された内容を適切に聞き取り，それに応じられるようにするにはどうしたらよいのか。
中学校	「本質的な問い」	主として単文で構成され，簡単な複文構造も持つ物語文や平易な説明文において，話の内容や書き手の意向を理解し，適切に応じたりするにはどうしたらよいのか。	短いまとまり（5文程度）の話や会話を聞いて話し手の意図や内容の概要を聞き取るにはどうしたらよいのか。
	パフォーマンス課題	〔課題例1〕[1]「絵本の読み聞かせをしよう」あなたたち二人は図書館でボランティアをしています。来館した子供たちに英語の絵本を読んであげることになりました。「The Fall of Freddie the Leaf」を，内容がよく伝わるように，声に出して読んであげてください。 （田中容子先生，中谷志穂理先生）	〔課題例2〕[2]「『世界の中の日本』というテーマで英語でクイズを作ろう」 まず，英語のニュースから，日本の特徴（生産物が世界で何位かなど）を聞き取ろう。次に，協同学習の手法を利用しつつ，小集団で協力してクイズを作り，仕事を分担して発表しよう。クイズの文では比較級か最上級を使うこと。（高木浩志先生）
高等学校	「本質的な問い」	論説文や随筆（エッセイ）などにおいて書き手（著者）の意見や主張の詳細を的確にとらえるにはどうしたらよいのか。	ある程度の長さの報告から主題を掴んだり，複数の話題が含まれた話や討論から，話し手の意向や立場を的確にとらえるにはどうしたらよいのか。
	パフォーマンス課題	〔課題例6〕[6]「キング牧師に代わって演説しよう」あなたはキング牧師から，代わりに彼のスピーチを民衆の前で読み上げてくれと頼まれました。彼は明日，黒人解放宣言のスピーチを行う予定でしたが，病に倒れできなくなりました。ここに，あらかじめキング牧師がスピーチを吹き込んだテープがあります。このテープをよく聴いて（赤沢補足：また原稿の内容を読み込み），キング牧師の込めたメッセージを，なるべく忠実に民衆に伝えるべく演説してください。（村田和世先生）	〔課題例7〕「議論を聞こう」 あなたは友達の議論を聞いていて，最終的な判断を任されています。「優先席にすわってもよいのか」というのが議論のテーマです。それぞれの主張，根拠，例をしっかりと聞いて判断を下してください。途中で主張や内容がわからなくなったら話し手に質問したり聞き返したりしましょう。 （筆者作成）

（1）　田中容子，中谷志穂理「事例5　パフォーマンス評価を通じて学習への意欲を育てる」田中耕治編著『パフォーマンス評価——思考力・判断力・表現力を育む授業づくり』ぎょうせい，2011年，p.170

（2）　高木浩志編著『中学英語教師のための小学英語実践への対応ハンドブック』明治図書，2010年，p.24

（3）　植田則康「ルーブリックを用いた検討会によるコミュニケーション能力の育成　単元『ディベート』」西岡加名恵・田中耕治編著『『活用する力』を育てる授業と評価』学事出版，2009年，pp.126-137

（4）　森千映子「自分の体験を通して表現力を伸ばす」北原琢也編『特色ある学校づくりとカリキュラム・マネジメント——京都市立衣笠中学校の教育改革』三学出版，2006年，p.64

（5）　E. FORUM『「スタンダード作り」基礎資料集』2010年，pp.220-221

（6）　京都大学大学院教育学研究科 E. FORUM『「スタンダード作り」成果報告書』2014年，p.58

（7）　高橋恵子「ペアディスカッション（unit249）」京都大学大学院教育学研究科 E. FORUM「E. FORUM Online（EFO）」（以下，「EFO」と示す）（http://efo.educ.kyoto-u.ac.jp/）

第2章　教科教育におけるアクティブ・ラーニングの位置づけ方　95

（赤沢真世編集）

領域		話すこと		書くこと
領域の包括的な問い		【情報のやりとり】対話したり問答したりするにはどうしたらよいのか。	【表現】自分の考えや気持ち等を伝えるにはどうしたらよいのか。	情報や自分の考え・思い等を書くことによって伝えるにはどうしたらよいのか。
中学校	「本質的な問い」	自分の考えを効果的に述べ、相手の理解を得るためにはどうすればよいのか。	与えられたテーマについて自分の意見や考えを分かりやすく伝えるにはどのような英語の表現を使うとよいのか。	相手に必要な情報を分かりやすく書いて伝えるにはどうしたらよいのか。
	パフォーマンス課題	〔課題例3〕[3]「ディベート Which do you like better, summer or winter?」あなたは米国ミシガン州にホームステイしています。そして、ホストファミリーの子どもが通う学校を訪問します。自己紹介がおわり、学校所在地の様子を季節の移り変わりと共に説明しました。あなたの話に興味をもった子どもたちは、日本の夏か冬のどちらが好きかについてディベートをすることになりました。あなたは夏／冬どちらの立場でも、その良さを語ることが必要です。（植田則康先生）	〔課題例4〕[4]「自分の考えを発表する」あなたは今ホームステイに来ています。そこで通っている学校の英語の授業で、提示されたテーマについて自分の考えを発表するという課題が出ました。あなたはクラスの前で自分の考えを発表しなければなりません。自分の意見をはっきり述べるとともに、その理由を具体例とともに述べ、論理的にまとめた原稿をつくり発表してください。また、授業で学んだ表現をできるだけ使うこと。（森千映子先生）	〔課題例5〕[5]「This is me」あなたが進もうとしている高校にあなた自身のことを伝えるために自己PR文を書きましょう。現在完了形を使って今まで経験したことを述べたり、It ～for-to や how to などを用いたりして、自分の特技をできるだけ沢山書きましょう。また、自由にテーマを決めて、あなたが普段からどのようなことを考え、どのような価値観を持っているのかがわかるような文章を書き、あなたの良いところを読む人にしっかりとアピールしましょう。（西田めぐみ先生）
高等学校	「本質的な問い」	自分の意見を説明・主張するだけでなく相手の主張も受け入れ会話を積極的に行う（結論づける）にはどうしたらよいのか。	あるテーマについて、相手に効果的に意見や思いを発信するには説明や描写をどう工夫したらよいのか。	読み手や状況に応じて、まとまった分量の自分の考えや気持ちを効果的に伝えるにはどのような文章構成が必要か。
	パフォーマンス課題	〔課題例8〕[7]「ごみはゴミ箱へいれましょう！」ポスターを見ながら、友達と日頃不満に思っていることについて話します。「これは聞いてほしい！」という具体的なエピソードを、「いつ」「どこで」「誰が」「どうした」ということと、その結果「どういう気持ち」になったのかをできるだけ詳しく話しましょう。相手の話を聞くときは、相槌を打つだけでなく、積極的に質問をして相手から話を引き出しましょう（4分間）。（高橋恵子先生）	〔課題例9〕[8]「関わりの深い人物を発表しよう」A高にはアメリカに姉妹校があります。姉妹校の生徒に、A市をもっと知ってもらうため、今回はA市と関わりの深い人物について英語でプレゼンテーションし、ビデオ交流会を行います。文献（日本語）を調査し、人物の功績や特長、A市との関係、その人物を紹介したい理由をあげて、プレゼンテーションしてください（5分、質疑応答5分）。	〔課題例10〕[9]「Country Project」世界には様々な国がありますが、私たちは身近な世界しか知りません。そこで自分にとって未知の国を一つ選び、その政治・経済・文化・風土について調べてください。次に調べた情報を概観し、何かに重点を決めて情報を英語で整理して壁新聞を作ってください。（後略）（発表時間は質疑応答含めて15分）（田中容子先生）

（8）　以下を参照し筆者が修正。阿部邦彦「高等学校外国語科におけるコミュニケーション能力の育成を目指した単元設計の在り方——明確な Learning Outcomes を出発点にして」『山梨県総合教育センター研究紀要（平成22年度）』2011年，pp.12-17

（9）　田中容子「事例紹介　英語」京都大学大学院教育学研究科 E. FORUM『「カリキュラム設計データベース（CDDB）」への招待』2009年，pp.48-49

ど）を用いるといった「方略的能力」の育成もこれまでの課題でした。そのような力も「本質的な問い」やパフォーマンス課題では意識されています。

このように，英語科において今後求められる能力とは，各領域の「本質的な問い」に示した問いであり，単に英語を表面的，機械的に理解したり表現したりする能力にとどまらず，相手の「意向」を汲み取り，自身の意見をよりよく伝えるといった高次の能力です。こうした能力が英語科での思考力・判断力・表現力として位置づけられるのです。

前ページに示している表2-20は，各領域における「本質的な問い」とパフォーマンス課題です。

3 パフォーマンス課題を取り入れた授業モデル

それでは，パフォーマンス課題を取り入れた場合にどのような授業が展開されるか，具体的に見てみます。今回は（1）一単元を展開する授業モデルとともに，（2）パフォーマンスを繰り返し発展させながら単元に配置することで「本質的な問い」を一貫して位置づけるモデルを紹介します。

（1） 中学校3年「現在完了形」

次ページ表2-21に示した実践は，現在完了形を扱う単元（中学3年）で，これまでの自分の経験をアピールするという目的を持ったパフォーマンス課題です。

単元構成においては，現在完了形の学習だけではなく，最終的な課題に求められる It 〜for- to 不定詞の構文や，how to の学習も位置づけます。そのため，単元の前半では単元の内容を追いながらも，これらの焦点化された文法事項に関しても復習し，練習する機会を取り入れる必要があります。さらに，このパフォーマンス課題では現在の内容は現在形，過去の内容は過去形というように，表現したい内容や文脈・目的に応じて最適な時制を選択することも求められます。また，自分の特技や普段の生活についての作文となるため，これまでに学習してきた単語や文法事項も幅広く要求されます。こうした能力は基礎

表2-21 「書くこと」におけるパフォーマンス課題の例（西田めぐみ先生）

「本質的な問い」	相手に必要な情報をわかりやすく書いて伝えるにはどうしたらよいのか。
「永続的理解」	文章を構成するときには，語と語のつながり（正しい文構造や語法）や，接続詞を用いて文と文のつながりを意識して書くことが必要である。また，読み手を意識して情報を選択することが必要である。
課題例	「This is me」 あなたが進もうとしている高校にあなた自身のことを伝えるために自己PR文を書きましょう。現在完了形を使って今まで経験したことを述べたり，It ~for- to や how to などを用いたりして，自分の特技をできるだけ沢山書きましょう。また，自由にテーマを決めて，あなたが普段からどのようなことを考え，どのような価値観を持っているのかがわかるような文章を書き，あなたの良いところを読む人にしっかりとアピールしましょう。

的な知識の「習得」にとどまらず，文脈に応じて最適な言語材料・言語構造を選択する「活用」の力であり，英語科における思考力・判断力・表現力に対応すると考えます。なお，西田先生は中学1年，2年においても現在形や過去形に焦点化したパフォーマンス課題を位置づけ，それらの集大成として上記のパフォーマンス課題を設定しています（図2-2）。

さらに，パフォーマンス課題を最終的に成し遂げるためには，単元計画の場面

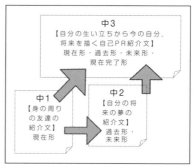

図2-2　パフォーマンス課題に至る言語材料・構造の系統性
（西田めぐみ先生の実践から筆者が図表化）

場面において，単に英訳問題を行うのではなく，自分自身の文脈に即した表現を数文ずつでも書かせるミニパフォーマンス課題が設定されるとよいでしょう。なお，そうした課題は個々の生徒の個別の課題ではあっても，ペアやグループで不安な箇所を相談したり，使える表現を教え合い高め合っていく場面の設定が有効となります。このような課題設定があるからこそペアやグループ活動が意味を持つものとなります。

従来型の「各課題の各頁を読み進めるだけ」の単元構成や指導では，ゴールとして求められている思考力・判断力・表現力には届きません。とりわけ書くことの領域は，単元の最終の場面に位置づけられてはいても，ともすると授業時間の不足などでなおざりになり，なかなか指導の機会や時間が確保できないという問題が以前から指摘されています。以上のように，目的意識や相手意識が要求されるパフォーマンス課題をゴールとして明確に設定し，単元を組織していくことが必要です。

（2） 中学校「話すこと」

たとえば植田則康先生は，話すこと（Speaking）の領域に焦点化したパフォーマンス課題を複数単元において開発し，学年や学習の蓄積を意識して系統立てて配置しています（図２－２）（植田則康「ルーブリックを用いた検討会によるコミュニケーション能力の育成『ディベート』」西岡加名恵・田中耕治編著『「活用する力」を育てる授業と評価　中学校』学事出版，2009年）。まず表を横に見れば，「スピーチ」「ディベート」それぞれの領域（場面）において，言語表現・言語構造の深まりが見られます。また，身近なテーマからより公的なテーマとなるように場面設定が工夫されています。

次に表を縦に見れば，用意された原稿にもとづいて発信するスピーチから，

表２－22 「話すこと」におけるパフォーマンス課題の例（植田則康先生）

「本質的な問い」	自分の考えを効果的に述べ，相手の理解を得るためにはどうすればよいのか。
「永続的理解」	内容を論理的に構成したり，客観的な事実と意見を区別することが必要である。相手の理解を促すためには，表現を適切に変えたり，適切に間を空けたりする。
課題例	「ディベート Which do you like better, summer or winter?」 あなたは米国ミシガン州にホームステイしています。そして，ホストファミリーの子どもが通う学校を訪問します。自己紹介がおわり，学校所在地の様子を季節の移り変わりと共に説明しました，あなたの話に興味をもった子どもたちは，日本の夏か冬のどちらが好きかについてディベートをすることになりました。あなたは夏／冬どちらの立場でも，その良さを語ることが必要です。

即興性が要求される短いスキット，さらに即興でありながら論理性が求められるディベートや面接へと展開されています。聴衆も身近な人々から初対面の関係，そして公的な関係へと発展しています。

このように，パフォーマンス課題の開発・設定において，言語材料・言語構造の系統性

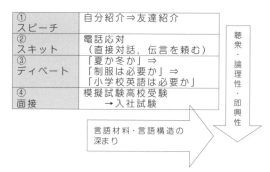

図2-3 話すことの領域でのパフォーマンス課題の
2つの軸（深まりと広がり）
（植田，2010年，pp.238-239より筆者が図表化）

という縦の軸のみではなく，コミュニケーションの目的・文脈，相手意識を広げていくという横の軸という二つの軸があり，両軸の高まり・深まりを見通した上で中学3年間の学年指導計画に位置づけているのです。これは，文科省の小中高の「CAN-DO」の例で見られたように，小中高と上がるにつれて，内容は私的（生活）な領域（personal domain）から公的な領域（public domain）へ高まり，コミュニケーションの相手は身近な友人から一般聴衆に向けて発信するという広がりの設定がなされている点と軌を一にしています。このような見通しのもと，パフォーマンス課題を設定し，実施していくことが求められるのです。

4 まとめと今後の展望

CAN-DOリストを作成する流れの中では，たとえば「読んで」「書く」という複数の技能を単に接合させたらよい，といった表面的な課題設定になってしまっている例が見られます。しかしながら，ここまでの議論で見てきたように，真正性の高い課題を設定することがまず重要であり，その設定において必然的に4技能や複数の技能が統合される活動が生まれてくるのです。そして，そのような活動の中では言語材料や言語構造の「習得」にとどまらず，他者との学び合いの中でそれらを「活用」するため思考力・判断力・表現力が養われ

るのです。

　本節では，中学校および高等学校の事例を取りあげて論じてきましたが，小学校外国語活動や2020年より教科化される5，6年生の教科としての英語科についても，上記の縦の軸（言語材料・構造などの系統性）や，横の軸（相手意識やオーディエンスの広がり，テーマの広がり）のスタート地点として位置づきます。実をいえば，むしろ外国語活動では「本質的な問い」や「パフォーマンス課題」といった文言ではなくとも，同様の考え方が大切にされている実践も多くあります。たとえば那覇市教育委員会では，植田先生と同様に，スキットの「電話での応答」を焦点として，小中9年間の英語教育を見通した「系統表」が作成されています。小学校の実践では，「電話番号を尋ねる」「名前を言う」「相手を呼び出す」という動作に対応する表現を扱い，中学校では，小学校の実践を踏まえ，「相手を待たせる」「間違い電話」「本人不在」「伝言」という新たな状況設定が行われます。表現においてもそれらの状況に対応する表現と，さらに目的や状況に応じて用いることのできる関連表現が導入されています（萬屋隆一・直山木綿子他編著『小中連携Q＆Aと実践──小学校外国語活動と中学校英語をつなぐ40のヒント』開隆堂出版，2011年，p.109）。また，文科省の外国語活動副読本『Hi, friends!』でも，友達の好きなフルーツを聞き合って，友達のためのパフェを作るといった活動があるように，相手意識を重視した活動が組まれています。

　このように，今後は，小学校外国語活動，そして小学校の教科「英語」，そして中学校，高等学校と，同じ軸を持った一貫した「本質的な問い」のもと，パフォーマンス課題を位置づけ，深め広げていくことができるような長期的な見通しが必要となります。そうした見通しとCAN-DO型の学習到達目標が有機的なつながりを持った状態で設定されることが喫緊の課題となるでしょう。その際に，先述の英語科スタンダードが議論の手がかりとして位置づき，さらなる議論が深まることを願います。

（赤沢真世）

第3章
探究的な学習と協働的な学習における評価
―ルーブリック，検討会，ポートフォリオの活用

ポートフォリオ検討会の様子
(京都市立堀川高等学校　吉谷智美先生提供)

　「学びに向かう力」を育成するためには，「総合的な学習の時間」や課題研究などの探究的な学習の充実が求められます。また，カリキュラム横断で協働的な学習を重視することも有意義でしょう。
　本章では，カリキュラムにおいて探究的な学習がどのように位置づけられうるのか，その評価においてルーブリックや検討会，ポートフォリオがどのように活用できるのかを検討します。また，協働的な学習を評価する上でのポイントも確認します。

Active learning

「学びに向かう力」を育てるカリキュラム
―探究的な学習をどう位置づけるか

 「学びに向かう力」は「学ぶべき問いを見出す力」

　教育課程企画特別部会は，2015年8月に「論点整理」を発表し，初等・中等教育で育成すべき資質・能力として「三つの柱」を掲げました。このうち，「どのように社会・世界と関わり，よりよい人生を送るか（学びに向かう力，人間性等）」は，あとの二つを「どのような方向性で働かせていくかを決定する重要な要素」ととらえられます。特に「学びを推進するエンジン」として「学びに向かう力」が重視されています（本書 p.15も参照）。

　この「学びに向かう力」とはいったい何でしょうか。たとえば，ベネッセ教育総合研究所は乳幼児期の生活習慣を調査する際，「学びに向かう力」とは「自分の気持ちを言う，相手の意見を聞く，物事に挑戦するなど，自己主張・自己統制・協調性・好奇心などに関係する力」であると定義しています（『幼児期から小学1年生の家庭教育調査　報告書』2012年，p.16）。しかし，小学校や中学校の学習においてこの定義を用いれば，ややもすれば学習内容とは関係なく忍耐や努力を強いる態度主義に陥ってしまう可能性があります。

　ひるがえって「論点整理」は，「学びに向かう力」は感性や思いやりなどを含むものの，「主体的に学習に取り組む態度」として評価すべきだ，と注意を促しています。しかし，やはりこの説明では「学びに向かう力」が何なのかは分かりません。そこで，この疑問を明らかにするために，「論点整理」が発表された背景にまで一度さかのぼりましょう。

　近年，教育の重点が，従来重視されていた教科ごとの知識ではなく，教科を横断するような資質・能力を重視する視点へと国際的に移行してきました。この国際的な動向について，松尾知明氏は，各国や各地域の資質・能力論を比

第3章　探究的な学習と協働的な学習における評価　103

較・分析し，三つに類型化しています。言語や数，情報を扱う「基礎的リテラシー」，批判的思考力や学び方の学びなどを中心とする高次の「認知スキル」，社会的能力や自己管理力など社会・他者との関係やその中での自律に関わる「社会スキル」の３層です（松尾知明『21世紀型スキルとは何か』明石書店，2015年，p.245）。その上で，特にカリキュラムについては，領域固有性の視点を重視しつつも，「各教科で育てるスキルと教科横断的に育てるスキルの位置づけを明確」（同上書，p.261）にする必要を指摘しています。カリキュラムにおいて，教科・総合学習・特別活動のいずれの時間に，どの資質・能力を育てるのかを意識化する必要性を説いたものだと解釈できます。

　これに応える理論として注目を集めているのが，石井英真氏の資質・能力をめぐる枠組みです。石井氏は，学校で育成すべき資質・能力を分析し，知識・スキル・情意という要素の組み合わせによって層化しました（次ページ表３−１）。これに従えば，教科・総合学習・特別活動というカリキュラム上の各領域の固有性は，次のように見通すことができます。まず教科の学習では，主として教師の定めた内容や問題・課題を，知っている・できる，分かる，使えるようになることをめざします。これに対し，総合学習では，子どもたちが自律的に課題を設定し，探究します。そして，特別活動では，共同体の関係性やルールを子どもたちが共同で構築したり，再構成したりできるようにします（石井英真『今求められる学力と学びとは』日本標準，2015年，p.24）。

　このうち，カリキュラムを考える際には特に総合学習が重要です。西岡加名恵氏は総合学習の目標を図３−１（p.105）のように整理します。このモデルを踏まえ，総合学習とは，教科で重点的に養う「教科の基礎的な知識・スキル・理解」および特別活動で重点的に培う「協働する力」を活用しながら探究的な学習に取り組み，課題の質を問う「自己評価力」（メタ認知）を育てるものだ，と言えましょう。総合学習は教科と特別活動を結びつけるのです。

　さて，以上のように，課題の質を問うことで教科や特別活動で得た力を意味づけるという関係は，まさしく「三つの柱」において「学びに向かう力」が持つ意味を示唆しています。つまり，「学びに向かう力」とは課題の質を問い探

表3-1 学校で育成する資質・能力の要素の全体像を捉える枠組み

（石井英真『今求められる学力と学びとは』日本標準、2015年、p.23）

能力・学習活動の階層レベル（カリキュラムの構造）	資質・能力の要素（目標の柱）			
	知識	スキル		情意（関心・意欲・態度・人格特性）
		認知的スキル	社会的スキル	
教科等の枠づけの中での学習：知識の獲得と定着（知っている・できる）	事実的知識、技能（個別的スキル）	記憶と再生、機械的実行と自動化		達成による自己効力感
教科等の枠づけの中での学習：知識の意味理解と洗練（わかる）	概念的知識、方略（複合的プロセス）	解釈、関連付け、構造化、比較・分類、帰納的・演繹的推論	学び合い、知識の共同構築	内容の価値に即した内発的動機、教科への関心・意欲
教科等の枠づけの中での学習：知識の有意味な使用と創造（使える）	見方・考え方（原理・方法論）を軸とした領域固有の知識の複合体	知的問題解決、意思決定、仮説的推論を含む証明・実験・調査、知やモノの創発、美的表現（批判的思考や創造的思考が関わる）	プロジェクトベースの対話（コミュニケーション）と協働	活動の社会的レリバンスに即した内発的動機、教科観・教科学習観（知的性向・思考の習慣）
学習の枠づけ自体を学習者たちが決める学習：自律的な課題設定と探究（メタ認知システム）	思想・見識、世界観と自己像	自律的な課題設定と探究、情報収集・処理		自己の思い・生活意欲（切実性）に根差した内発的動機、志やキャリア意識の形成
学習の枠づけ自体を学習者たちが決める学習：社会関係の自治的組織化と再構成（行為システム）	人と人との関わりや所属する共同体・文化についての意識、共同体の運営や自治に関する方法論	生活問題の解決、イベント・企画の立案、社会問題の解決への関与・参画	人間関係と交わり（チームワーク、ルールと分業、リーダーシップとマネジメント、争いの処理・合意形成、学びの場や共同体の目標・立場形成と主体的価値観・立脚性の確立	社会的責任や倫理意識に根差した社会的動機、道徳的価値観・立場性の確立

（左側の括り：教科学習、総合学習、特別活動）

※社会的スキルと情意の欄でレベルの区分が点線になっているのは、知識や認知的スキルに比べてレベルごとの対応関係が緩やかであることを示している。

※網かけ部分は、それぞれの能力・学習レベルにおいて、カリキュラムに明示されたり中心的に意識されるべき目標の要素。

※認知的・社会的スキルの中身については、学校ごとに具体化すべきであり、学習指導要領等で示す場合も参考資料とすべきであろう。

情意領域については、評定の対象というより、形成的評価やカリキュラム評価の対象とすべきであろう。

究する力，「学ぶべき問いを見出す力」である，と言えましょう。

「学ぶべき問いを見出す力」を育成するためには，実際に学習者自身が課題を設定し，情報を収集・整理・分析し，明らかになったことをまとめ・表現して，そこからまた新たな課題を見つける，という「問題解決のサイクル」を

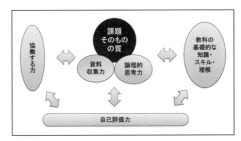

図3-1　総合学習における評価の観点
（西岡加名恵『教科と総合学習のカリキュラム設計』図書文化，2016年，p.62）

繰り返す学習が重要となります。これが探究的な学習です。ここで考えなければならないことは，はじめに課題を設定するときに何を前提とするか，ということです。最初の一歩をどのように踏み出すかということが，その後の学習の展開にも，大きな違いとなって現れるからです。それは，おおよそ三つの類型に分けることができます。

一つ目は，「共同体を前提とした探究」です。共同体の抱える問題を解決・改善するためにとりわけ他者と協働して行動するものです。ここでは探究的な学習は，行動の一部として含み込まれます。

二つ目は，「個人の関心を前提とした探究」です。この類型では探究のプロセスが重視され，問いの設定と探究の方法を自己評価し，メタ認知を活性化することが中心です。それゆえ，個人の関心を前提として，それを人生や社会にとって意義のある問いへと洗練していくことが大事なのです。

三つ目は，「教科を前提とした探究」です。第1章で確認したように，探究的な学習は本来総合学習の方法なのですが，教科の発展として探究的な学習の手法が取り入れられている例もあります。教科学習で抱いた知的な疑問を追究することで，教科内容をより深く，発展的に理解できるでしょう。

三つ目については，第2章で紹介された各教科のパフォーマンス課題が参考になるでしょう。そこで，以下では，一つ目と二つ目について，どのようなカリキュラムを組むことができるのかを簡単に紹介したいと思います。

2 探究的な学習のカリキュラムの実践例

　ここでは，「共同体を前提とした探究」として総合学習の先駆である和光学園和光鶴川小学校（以下，「鶴小」）の総合学習を，「個人の関心を前提とした探究」として京都で探究的な学習に取り組む京都市立堀川高等学校（以下，「堀川高校」）の「探究基礎」の事例を取りあげます。

（1）　和光鶴川小学校の総合学習

　鶴小は，1992年に東京都町田市に設立された私立の小学校です。母体となる和光学園には，1970年代から総合学習に着手した和光小学校があります。その実践を受け継いだ鶴小も，意欲的に総合学習に取り組んできました。低学年では「生活べんきょう」，中学年からは「総合学習」と名前は変わるものの，級友と共に自分たちで問いを見出し追究していくことを，一貫して重視しています。その総仕上げとして行われるのが，6年生の「沖縄」の学習です。10月の学習旅行をピークとして，その事前，事後の学習も含めた大きな単元です。以下，行田稔彦・成田寛編著『自分づくりの総合学習　5・6年』（旬報社，1999年）を参考にこの学習の概要と，共同体との関係を見てみましょう。

　沖縄の学習は，「沖縄研究」からはじまります。毎年，6年生が5年生に「沖縄を伝える会」を開くので，新しい6年生はこんなことを調べたい，挑戦したいという目標をもって進級してきます。この疑問を拾いあげるところから学習は始まります。「沖縄の方言」グループや「沖縄の動物」グループに分かれて調べ学習を行い，さらには並行して，教師といっしょに三線の製作や演奏の練習，シーサーづくりなどに取り組んでいきます。

　ただし，「沖縄研究」に並行して，あと二つの学習が行われていることにも注目しておくべきでしょう。一つは，鶴小における基地問題です。鶴小は，米軍厚木基地と近く，日常的に航空機が上空を飛んで行きます。米軍機墜落事故などをきっかけにして騒音や危険性に気づき，沖縄の基地問題をも切実な問題として考える素地を培っていました。もう一つは，歴史学習です。鶴小では，

歴史学習の起点にも，基地問題など子どもたちの目に入る社会的な出来事を置くようにしています。現在の問題を歴史的にとらえ直すことで未来につなげることが，主体的に歴史を学習することだととらえているからです。

　こうして「沖縄研究」を経たのち，10月には3泊4日の日程で沖縄へ向かいます。その旅程は次のようなものです。

　　1日目：基地の島「沖縄」を学習する日（普天間基地・嘉手納基地）
　　2日目：戦争のあった島「沖縄」を学習する日（南部戦跡めぐり）
　　3日目：自然の豊かさ，戦争の悲惨さを学習する日（渡嘉敷島）
　　4日目：沖縄を総合する日（首里城址，博物館，ショッピング）

　子どもたちは，戦争体験者の話を聞き，集団自決地を巡る中で，「命どぅ宝」ということを心に刻みます。鶴小に帰ったあとには，自分たちが学習した沖縄の自然・文化・基地・人の話などを，沖縄学習旅行記として一人一冊にまとめます。さらにこれを，沖縄を考える主体者として5年生に伝えるのです。

　この「沖縄」の学習が単なる旅行に終わらず，学習旅行として成立する秘密は，三つの共同体を子どもたちが行き来することにあると考えられます。第一の共同体は，「鶴小」です。6年生から引き継がれる文化を共有する学習の共同体であり，地域へと広がる生活の共同体でもあります。この共同体を基盤に，「今の沖縄」という第二の共同体が成立します。三線の演奏練習という共通体験や，基地問題という共通の社会問題を回路に，子どもたちは地理的な距離を飛躍します。これにより「今の沖縄」の問題を自分たちにとって切実な問題ととらえられます。さらに，沖縄の土を踏むことで，過去の戦争の悲惨さに思いを馳せ，子どもたちは第三の「過去の沖縄」という共同体に入っていきます。「過去の沖縄」という戦争体験を共有することは，現在の日本社会を問い返し，その中で「鶴小」や「今の沖縄」をとらえ直すことにもつながります。

　三つの次元の共同体を行き来することによって，子どもたちは「命どぅ宝」というテーマや，それがなぜ共有されないのかという問いの内容を洗練させていくのです。本物を求めるものづくりや現地調査の学習を低学年から行っていることが，このような共同体の共有化を可能にしていると考えられます。

（2）　堀川高校の「探究基礎」

　堀川高校では1999年に大きな学校改革が行われ，普通科だけでなく探究科が新設されました。現在，すべてのクラスに探究的な学習の時間として「探究基礎」が必修となっています。この「探究基礎」は，「自立する18歳を育成する」という学校目標を実現することをめざしており，最終的には，生徒が個別に研究課題を設定し，個人研究を進め，２年次の秋に発表および論文作成を行うことになっています。「探究の作法」を学習できるように，HOP・STEP・JUMP という段階が，１年次から系統的に計画されているところが，「探究基礎」の特徴です。

　１年次の前期は HOP の段階です。全15回の授業を通して「探究の『型』を学ぶ」ことが目標です。前半は教員による講義を中心に，探究とは何か，論文とは何か，データや文献資料の扱い方，問いを多角的に見つめる方法などについて学習します。後半では，共通課題について各自が論文の体裁を整えて論述し，課題設定・論文構成・発表方法を学びます。９月の中旬には，HOP 研究発表会があり，ポスター発表を行います。そこでの反省を踏まえて論文を修正し，HOP の段階は終了です。

　１年次後期には，STEP の段階に移ります。ここでは，「言語・文学ゼミ」「生物学ゼミ」などの専門分野ごとのゼミに分かれて課題に取り組み，「探究の『術』を身に付ける」ことがめざされます。運営の仕方は，ゼミごとに異なります。例えば「言語・文学ゼミ」では，前半で興味のある論文を整理して発表し，その知見を活かして後半で，２年次の論文のアウトラインをレポートとしてまとめます。その際，文献入手の可能性や論証可能性などを検討しながら，焦点の明確なテーマを設定することが，特に意識されます。

　２年次に入ると，STEP のゼミを引き継いで，個人課題に向かう JUMP の段階へ移行します。論文執筆に向けた本格的な研究に取り組み，「探究の『道』を知る」ことが目標です。そのため，教員は教えるのではなく，生徒が主体的に研究できるように道を示します。検討の機会として，ゼミ内での中間発表や，複数のゼミやクラスをまたいだ個人研究交流会も設定されています。７月には

論文の要旨を作成し，9月には「探究基礎研究発表会」を開いて，ポスターを使ったプレゼンを行います。ここで厳しい意見にふれて論文を練り直し，9月末から10月末に論文の二次提出を行って探究は終了します。

　「探究基礎」に注目を集めがちな堀川高校のカリキュラムではありますが，次橋秀樹氏は「探究だけが『自立した18歳』のために用意されたプログラムではなく，その周辺にもさまざまな仕掛けが自立のための『きっかけ』として存在し，それらが互いに往還する」（次橋秀樹「京都市立堀川高等学校の『探究基礎』を探究する」京都大学COC事業報告書『高等学校における「探究」の指導』2015年，p.44）ということに注意を促しています。

　入学直後には，野外活動施設での合宿研修で探究的な活動に協働で取り組むプログラムが用意されています。各ゼミ長で構成される探究基礎委員会が「探究基礎」の時間を運営するという体制や，テーマ設定や論文作成の過程での経験や，自分にとっての探究の意味を綴る「体験記集」の存在は，メタ認知の発達を促進し，学び方を学ぶという姿勢につながっています。学校説明会や祇園祭など，学校内外の行事にスタッフとして参加することを積極的に促し，他者と関わる機会となっています。

　生徒たちは「探究基礎」において，専門的な学問分野の中で自分の関心を課題としてとらえ直し，追究する手法を身に付けます。これと併せて多様な活動を経験することにより，自治の精神や他者との協働性を培います。この全体を通して，堀川高校は生徒たちを自立へと導いているのです。

　今回示した探究の3類型は仮想的なモデルです。個人の関心が共同体や教科学習に影響されることからも分かるように，実際には明確に分かれるものではありません。しかし，どのような探究的な学習のカリキュラムを組むのかを考える際，問いをどこから導くのかは重要な論点となるでしょう。

　では，問いの質が高まっているかどうかは，どのようにして確かめられるのでしょうか。次節では，探究的な学習の評価について検討しましょう。

（中西修一朗）

2 探究的な学習の評価のポイント

1 探究的な学習の評価を構想する視点

(1) どのような評価方法を用いるのか

　教師として，学習者の探究の質を実際にどのようにとらえ，評価することができるでしょうか。探究の質を評価する方法としては，①日々の活動の評価，②相互評価，③パフォーマンス評価，④ポートフォリオ評価法，⑤質問紙やアンケートによる評価などがあげられます。これらの評価方法は，何を評価するのか，すなわち評価対象に応じて使い分ける必要があります。

　たとえば，学習者の協働する力を評価する際には，彼らが実際に協働的に調査を行っている場面を観察する方法（日々の活動における評価）や定期的に各々の取り組みについて自己評価や相互評価を行わせる方法などが考えられます（詳細は第4節）。また，研究プロセスや成果を論理的に説明する力を評価する場合，論文作成や研究発表会に取り組ませ，その質をルーブリックなどに照らして判断する方法（パフォーマンス評価）があります。

　問いの設定や調査を行う力の質をとらえる場合は，日々の活動の短期的な評価に加え，問題解決のサイクルを意識して，長期的なスパンでも評価を実施する必要があります。サイクルの前後では，問いの深まりについて，研究ノートやポートフォリオを用い，検討会で教師と学習者らが評価すること（ポートフォリオ評価法）が有効です（詳細は第5節）。

　近年では，探究的な学習の評価方法として質問紙やアンケートを用いる事例も見られます。このような評価は，学習者の自己認識を問える反面，自分への要求水準が高い学習者が，特定の基準に到達していても自分に厳しく低い評価をしてしまうという危険性も指摘されています（松下佳代「学習成果の評価の

現状と課題」『Guideline』2013年4・5月号，河合塾，p.47)。アンケートなどの間接評価だけではなく，検討会でポートフォリオをもとに自身の取り組みを検討し，教師による評価と自己評価とをすり合わせる中で，適切に省察できる自己評価力を育てていくことも視野に入れるとよいでしょう。

（2） いつ評価を実施するのか

評価の妥当性を高めるために，目的に応じて複数の方法を組み合わせ，計画的に行うことが大切です。いつどのような評価を行えばよいのかを考える上で役立つのが学力評価計画です。これは評価の基準や方法に関する全体計画です。たとえば探究的な学習の場合，表3－2のような計画が考えられます。

具体的に見てみましょう。表3－2では，探究の方法の深まりは，主にポートフォリオ評価法により検討会の場面で重点的に評価されます（◎で表示）。

┃ 表3－2　学力評価計画の例（大貫作成）

	評価方法	検討会①	中間発表	……	検討会②	日常の活動	最終発表会	総括的評価
【探究の過程】探究の方法	ポートフォリオ評価法	◎			◎	○		到達レベル（ルーブリック）
実験ノートの書き方	パフォーマンス評価	○			○			到達レベル（チェックリスト）
【成果の発表】論文・ポスター発表	パフォーマンス評価		◎				◎	到達レベル（チェックリスト）※ルーブリックを一部併用する可能性がある
活動への取り組み	行動観察					◎		到達レベル（チェックリスト・自由記述）
	相互評価・自己評価	○			○			到達レベル（自己評価・他己評価用紙）

またこれを補う形で，探究の方法を適切に用いることができているかが，日々の活動の中で評価されます（○で表示）。この探究の方法の到達レベルは，ルーブリックにもとづいて評価されます。研究成果を発表する力は，論文やポスター発表にもとづき，パフォーマンス評価によって，中間・最終発表会でチェックリストとルーブリックとの併用により判断されます。加えて，日々の活動への参加やグループへの貢献度などが，教師の観察や自己評価・相互評価で評価されます。学力評価計画を作成することで，各場面でどのような評価を実施し，どのような要素を重点的に評価するのかが明確化されます。

（3） どのような規準（基準）で評価するのか

探究的な学習を評価するには，探究的な学習を通して何をめざすのか，すなわち規準（到達目標）を明確にする必要があります。探究的な学習で獲得が望まれる力としては，たとえば，「協働する力」や「教科の基礎的な知識やスキル」などがあります（図3－1（p.105）を参照）。各学校では，自校の教育目的や教育理念，探究的な学習を実施している教科や領域の教育目標に照らして，探究的な学習で育てる力（規準）を独自に設定することが必要です。

加えて評価の場面では，目標について，学習者が単に達成できたかどうかではなく，その達成の質を明らかにすることが重要です。そのため，特定の規準についてより洗練した学習者となるために経る段階を明文化することで，具体的な評価基準を明らかにする必要があります。

では，探究的な学習の評価基準はどう考えたらいいのでしょうか。この問題に関連して，筆者らはこれまで高等学校における探究的な学習の評価基準の開発に取り組んできました。これを一つの事例として考えてみましょう。

2 探究的な学習を評価する基準の設定

高等学校における探究的な学習には多様な類型が考えられます。例えば，SSH や SGH の課題研究の目標の方向性として，教科で培った知識や方法の発展性を重視するもの（教科型）と，自治性や協働性を重視するもの（特活

型）との二つがあります（大貫守「高等学校での課題研究ルーブリック作成の取り組み──科学的探究の指導と評価を中心に」田中耕治編『思考力・判断力・表現力育成のための長期的ルーブリックの開発』平成25-27年度科学研究費補助金　基盤研究（C）研究課題番号：25381022　研究成果最終報告書，2016年，p.72）。また探究の型も，表3-3のように多様です。研究領域や研究形態（集団・個人）の違いもあります。

　この多様性を踏まえると，あらゆる探究的な学習を同一の評価基準で評価しようとするのは適当ではありません。探究をどのようなものとして想定しているのかをもとに評価基準をつくる必要があります。本項では，その例として，筆者らが実際に高等学校との共同研究を経て作成を試みた二つのルーブリック

▋表3-3　課題研究の類型（試案）

	類型	研究の手続きの概要
1	「仮説─検証」型	先行研究等（論文や文献など）を精査し，そこから導かれた仮説を検証する実験等を行い，仮説の妥当性を検討する。
2	「探究法・実験法・測定法開発」型	興味ある対象を調べる手段を得るために，調査・実験・測定法・測定装置を開発し，観測等を行う。
3	「制作・合成」型	先行研究等から既存のシステムが抱える問題点を明らかにし，制約・成功条件を明確にして解決策をデザインし，検証実験等で妥当性を検討する。
4	「実地調査」型	仮説を設定せずにフィールドに赴き，そこで生起している現象を記述し，モデル化することで課題を発見し，3の方法を用いながら解決を目指す。
5	「論証・証明」型	特定の定理や恒等式を論証するために，解決に向けた方針を立て，既知の証明等を用いて計算し，論究する。
6	「文献研究」型	特定の人物や事柄を対象に，文献を読み込み，人物や事柄の理解を深めたり，課題を見出したり，特定の主張を論点に即して論証したりする。

（大阪教育大学附属高等学校天王寺校舎主催 SSH 課題評価研究会（2016年1月30日実施）で得られた知見をもとに大貫が作成）

114

■表3－4　自然科学的探究のプロト・ルーブリック

ゼミ　　H　　NO.　　氏名		研究テーマ	
評価の基準 目標到達度			2年生
		1年生	
具体的特徴	高校入学時に概ね生徒が到達していると思われるレベル	高校1年生で一般に到達してほしいレベル	高校2年生に一般に到達してほしいレベル
	探究の手続きが分からず，探究を進められない	個々の探究の手続きを意識して探究活動を行っている	個々の探究の手続きを理解して探究活動を行っている
観点＼レベル	1	2	3
課題設定と情報収集 ・研究課題と仮説の設定	問いやテーマが表面的に設定されており，具体的な研究仮説や解決の道筋がみえるものではない。興味のある領域や分野は明確なものの，研究の対象や研究で明らかにする範囲が示されていない。	やや深まった問いが設定されているが，科学的に検証可能な形では設定されず，仮説も曖昧である。先行研究や既有知識を意識して，対象に対する変数を見出して，レベル1よりも具体的で問いを設定するが，1つの変数のみに着目している。	対象を多面的に眺めて，対象に関する練られた科学的に検証可能な小さな問いと，それに対応した仮説を設定している。先行研究・既有知識等を踏まえて，対象に影響を与える変数を明確にし，独立・従属変数間の関係性に着目し，絞り込んだ研究課題と仮説を設定している。
・調査の計画と実施	必要な文献を収集したり，データを集める研究計画を立てられず，調査が実施できない。具体的な手順や実施する実験について見当がつけられない。	仮説にもとづいて不完全ながら調査の計画を立て，実施し，データや資料を収集している。実験で条件統制が不十分であったり，仮説と対応していない部分がある。	小さな問いと仮説に応じた調査を適切に計画・実施し，小さな問いの解決に向けて着実にデータや資料を収集している。実験で扱う変数を明確にし，条件統制をきちんと行った実験を実施している。
データの解釈 ・データの分析 ・情報の評価	データが得られていない。得られていても，データや資料を処理する方法がよく分からない。グラフの種類とその特性について理解していない。	データや資料を何らかの形に変換している。データを折れ線グラフなどのグラフにしているが，その理由を説明できない。	データや資料の種類や調査の目的に応じて，データ等を適切な形で表現している。各々のグラフの特性を理解し，データに応じてグラフの使い分けを行っている。
・論証への参加	論証に参加できていない。自分の意見やデータを示すのみの形で参加している。	論証に一方的に参加している。自分の意見とデータを結びつけ，一方的ではあるが意見を投げかけている。	論証では，相手とのコミュニケーションを取りながら参加している。自分の主張に加えて，相手の意見に対して手元のデータを元に反論する。
説明と解決策の創出 ・モデルの創出と使用 ・数学などの使用	モデルや数学をどのように利用したらよいか分かっていない。モデルを使用することができない。	不完全ながらモデルや数学を探究の過程で使用している。モデルを使う必要のない場面でも使用している。なぜモデルを使用するのか説明できない。	研究課題に応じて，一部の場面で適切にモデルや数学を使用している。仮説をたてるために必要な変数を残すなど単純化したモデルを使用している。
・説明の構成	説明の構成の仕方が分かっていない。そのため説明が書けない。説明が書かれていても，信頼が得られる科学的な説明ではない。主張が恣意的である。論拠となる証拠にも誤りを含んでいる。	得られたデータに関して，何らかの主張をしている。しかし，論理的で適切な科学的な説明ではない。先行研究を意識しつつ概ね正しい主張や証拠を含んだ説明を構成しているが不完全な証拠であったり，恣意的な解釈が含まれている。	得られたデータに関し，その他の資料等にもとづき概ね論理的で信頼が得られる科学的な説明を構成している。先行研究や既有知識等を踏まえて，得られたデータ等をもとに，小さな問いに対する主張・証拠・理由付けからなる論理的な説明を構成している。
寸評 一学期終了時		二学期終了時	

※大貫守作成（検討中。兵庫県立尼崎小田高等学校，富山県立富山中部高等学校等との共同研究に

第3章　探究的な学習と協働的な学習における評価　115

評価者：	
3年生	
高校3年生で一般に到達してほしいレベル	高校生の中でも極めて高い実力があると考えられるレベル
一連の探究の手続きを理解して探究活動を行っている	一連の探究の手続きを理解し，省察をしながら探究活動を行っている
4	5
研究全体の流れを意識し，研究課題に対応する仮説に沿って論理性や実証性を重視した小さな問いを設定している。 研究全体で明確にすることとそこに至るために統制が必要な変数を見出し，研究課題と個々の実験を導く問いを仮説に沿って構造化して設定している。	得られた情報等により，研究課題やその設定の仕方を省察し，対象を豊かに解釈し，高校生なりに独創的に対象へアプローチする問いと仮説を設定する。 実施した調査や作成したモデルを基盤に，研究課題や変数設定の仕方を省察し，新たな変数を見出したり，研究課題や仮説の修正を行ったりしている。
研究課題の解決に向け，個々の調査を効果的に配列し，論理的に問いの解決に向けた調査を実施し，厚みのあるデータや資料を収集している。 個々の実験と全体の実験を構造化して実験計画を作成し，実施している。	研究課題や仮説に対応して，全体の調査の計画や個々の調査の仕方を省察し，高校生なりに独創的に対象へとアプローチするような調査の計画を立て，実施し，興味深いデータや資料を収集している。 得られた結果や問いを見直すことから調査の方法や全体計画についても見直しを行い，問題解決に向けて既存の調査や実験方法に工夫を加えるなどした上で計画を練り直し，実施している。
データの種類や調査の目的に応じて，説明においてより適切な証拠として使える形に変換している。 扱うデータの範囲や尺度の示し方を工夫し，説明に合うように工夫をしている。	データや資料を多面的に眺め，批判的に検討し，証拠やその使用方法の妥当性を検証する。その過程で，他の探究の手続きにも適切に情報を与えている。 データの傾向から実験の手順を見直したり，問いの段階で設定している変数に情報を与える。
お互いの調査を高め合うような対話が行われる論証に関与している。 自分のもっている情報を論理的に整理して反論を行っている。	相手の考えや立場を想定した上で対話を重ね，お互いが納得の行く結論を導いている。 相手の質問を想定したり，他者の見解から自分の意見を修正したり，多面的に論拠を持って反論する。
課題研究に応じて，豊かな仮説を立てたり，説明を構成したりするために数学やモデルを適切に活用している。 思考実験や結論，説明の構成など適切な場面でモデルや数学を使用している。	研究課題の性質に応じてモデルや数学の使用について省察し，これらを他の探究の手続きを洗練させるために活用している。 複数の競合するモデルから研究課題の性質や調査の文脈に応じてモデルを使い分けている。
研究の結果にもとづいて研究課題に対して，小さな問いから導かれた説明と一貫性のある，信頼性の高い論理的な説明を構成している。 先行研究や既有知識等やこれまでの調査で得られたデータを繋げて，研究課題に対して主張・証拠・理由付けからなる論理的な説明を構成している。	課題に対して多面的な考察を行い，説明の論理構造について省察することで，より信頼性の高く論理的で洗練された説明を構成している。 先行研究と比較したり，想定されうる反証についても検討を行い，研究課題に対するより普遍的な説明を構成している。
課題研究終了時	

もとづく）

表３−６　社会科学的探究のプロト・ルーブリック

ゼミ　　H　　NO.　　氏名			研究テーマ

評価の基準	目標到達度		2年生	
		1年生		
	具体的特徴	高校入学時に概ね生徒が到達していると思われるレベル	高校1年生で一般に到達してほしいレベル	高校2年生で一般に到達してほしいレベル
		探究の手続きが分からず，探究を進められない	個々の研究の手続きを意識して探究活動を行っている	個々の探究の手続きを理解して探究活動を行っている

観点＼レベル		1	2	3
課題設定	●問い／対象の特定 ●仮説の形成	自分で課題を見出せず，対象の選び方も極めて漠然としている。 自分で問いを立てられていないか。興味のある題材を見出していないか，特にこれといった理由もなく選んでいる。	興味のある題材を見つけ，問いを抱きつつあっても，漠然としていて探究の中軸にはできない。 具体的な題材を選び，問いを持っているが，漠然としていて探究の計画と遂行につなげられていない。対象の絞り込み方に根拠が見られない。	興味のある題材について具体的な問いを立て，根拠を持って対象を焦点化できる。探究の中で仮説が形成されつつある。 問いが具体的であり，その解決にあたって見るべき対象を，根拠を持って選べている。問いに対する答えが仮説という形で徐々に見えてきている。
資料の収集と分析	●学問的背景の焦点化 ●社会科学的な資料収集・資料分析 ●分析における信用性の確保	資料収集の方法が不十分で一貫していない。収集した資料に対して分析を進めることができない。 教員が薦めた概説書を読むも，どのようなアプローチで資料を収集していけばよいのかが見えず，不十分な収集に終わっている。得られた資料を分析するにも，そのやり方が見えていない。	資料収集・資料分析に一貫性が見られない。分析は進めつつあるが，信用性に欠ける。 教員が薦めた概説書を参考に資料を収集し，分析しようとしているが，そのアプローチが一貫しておらず，妥当なものではない。分析の過程を形に残しておらず，当てにできるものにはなっていない。	自発的に一貫した資料収集・分析を行える。分析は進められるが，信用性という点では課題が残る。 教員が薦めた概説書以外も参考に，資料を収集・分析している。そのアプローチは一貫しているが，それを選んだ根拠は明文化できていない。分析の過程が残っていても，他の人の目から見て分かりやすいものにしようという工夫は見られない。
結論や解釈の構成	●自分なりの結論や解釈の構成 ●厚みのある記述 ●結論や解釈の妥当性の確保 ●成果に対する省察	分析をしたとしても，結論や解釈が構成できない。根拠に基づいた考察ができない。 分析したことをもとに結論や解釈が構成できず，まとまった成果にならない。考えた形跡が見られず，まったくの素人でも考えつくようなレベルに終始している。	結論や解釈を構成できるが，一面的で，厚みのあるものではない。自分なりに考察することがあまりできない。 考察において，対象の文脈を意識できていない。成果も，ただ単に情報を羅列してつなげたものに過ぎない。情報の量と質は概ね概説書の範囲内であり，自分なりに考え抜いた考察とは言い切れない。	分析結果から，根拠を持って概ね論理的な結論や解釈を構成し，自分なりの考察を行える。一貫性・妥当性という点では課題が残る。 これまでに得られたことから，概説書に従うことなく自分なりに考え抜いて考察を行い，ひとまずの成果としてまとめていく。探究全体を視野に入れた成果にはなっていない。主観的判断・バイアスにはあまり注意できておらず，一通りの視点からしか考察できていない。
寸評		一学期終了時	中間発表会終了時	

※福嶋祐貴作成（検討中。大貫守作成の自然科学的探究のルーブリックをもとに，富山県立富山中
※作成の過程については，福嶋祐貴「高等学校における課題研究ルーブリックの検討──社会科学

第3章　探究的な学習と協働的な学習における評価　117

	評価者：
3年生	
高校3年生で一般に到達してほしいレベル	高校生の中でも極めて高い実力があると考えられるレベル
一連の探究の手続きを理解して探究活動を行っている	一連の探究の手続きを理解し，省察をしながら探究活動を行っている
4	5
ある題材について具体的な問いを立てており，検証可能な仮説を形成している。その立証のために妥当なサンプリングを行える。自らの課題の意義が明確である。 課題に対して探究を行う過程で，仮説が量的あるいは質的な検証に耐えうるレベルにまで具体化され，妥当な根拠を持ってサンプリングを行っている。課題の意義を明文化できている。	探究を行う中で，問い，仮説，サンプリングが洗練されている。今後を見据えながら，課題の意義，可能性，限界を明確にできる。 探究を通して，問いが練り上げられ，それに対して社会科学的に検証可能な仮説を持ち，妥当な根拠を持って最適なサンプリングを行っている。次へとつながるように，自らの課題が有する意義，可能性，限界を明文化できている。
依拠すべき学問的背景を意識し，概ね自律的に一貫した資料収集・資料分析ができる。概ね信用性のある分析が行える。 先行研究や専門的な文献を参考に，資料を収集・分析している。収集・分析に対するアプローチと，その選択の根拠たる背景を明文化できている。分析の過程を積極的に残しており，他人からチェックを受けることを想定した工夫が見られる。	依拠すべき学問的背景を明確に持ち，自律的に多角的な資料収集・資料分析を行える。信用性のある分析ができる。 先行研究の方法論を検討しながら，資料を収集・分析している。収集・分析のアプローチを複数とっており，それぞれについて依拠する学問的背景と，その選択の根拠を明確に述べることができる。分析の過程で図表等を駆使したり，自分の主観の入り込んだ場所をチェックしたりして，信用性を高めている。
もっともらしく根拠を選びとって結論や解釈を構成できる。探究全体を振り返りながら，自分なりに一貫性のある考察を行える。妥当性を高める工夫に目を向けられる。 これまでの探究で得られたことを，先行研究などと関連させながら，論理的に一貫性のある形でつなげ，成果としてまとめている。自らの主観的判断やバイアスに注意しており，他の人の視点を取り入れたり，自発的にチェックを頼んだりしている。	正当に根拠を選び，論理的な結論や解釈を構成できる。成果を執筆する中で省察を行いながら，一貫性を持って課題を多角的に考察できる。妥当性を高める工夫が実行できる。 先行研究との比較，学問的位置づけ，一般化・転用可能性，想定される反証，今後の課題など，省察に基づく多様な目配せが成果に見られる。自らの主観的判断やバイアスに自覚的であり，他の人の視点や，他の分析手法を自発的・積極的に参照し，取り入れている。
課題研究終了時	

部高等学校との共同研究を踏まえた）
的探究の指導と評価を中心に」田中耕治編，前掲報告書，pp.85-97を参照

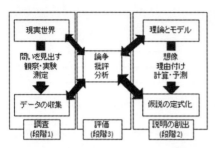

図3-2 科学的探究のモデル（大貫作成）

表3-5 科学的実践（大貫作成）

科学的実践	図3-2との対応
①問いを見出す ②調査を計画し，実行する	段階1
③モデルを創出する，使う ④説明を構成する ⑤数学や情報やコンピュータテクノロジー，コンピュータ的思考を使う	段階2
⑥データを分析し，解釈する ⑦証拠にもとづいた議論に参加する ⑧情報を得て，評価し，話し合う	段階3

を，その背景にある探究に対する考え方とともにあげてみます。

表3-4は，自然科学領域の「仮説─検証」型の探究のルーブリックです。背景には，複数のSSHの事例研究と，図3-2および表3-5のような米国の科学教育で近年提唱されている探究の考え方があります（大貫，前掲論文を参照）。図3-2は科学者の探究が，観察や実験によりデータを収集したり問いを見出したりする段階（段階1）と，それを基盤に理論を創出する段階（段階2），その妥当性を批評したり，データを分析したりする段階（段階3）を往還することで達成されることを示しています。

この探究の過程で使用されている方法が表3-5の科学的実践です。これは，科学者が探究に参加する際に，物理や化学などの個別科学のスキルと既存の知識を目的に応じて意識的に組み合わせて用いるものです。そのため，これは個別科学の枠を超えて適用できます。表3-4では，これらを指針に，他の実践で得られた情報をもとに省察することをレベル5として設定しています。

表3-6は，社会科学領域における探究を評価するルーブリックです。型としては「実地調査」型を想定しています。

社会科学的探究は，方法論が自然科学のそれよりも多彩だと考えられがちです。社会調査などの統計的手続きによる量的研究は「仮説─検証」型の探究に

あたるでしょう。しかし，フィールドワークや文献調査などの質的研究の場合は，サンプルに没入する中で，事象を記述・説明・解釈し，理論を構築していくことが重視されます。主観に左右されがちであるため，一次資料と二次資料の区別や，資料の信憑性，解釈の妥当性などが相対的に重視されます。また，仮説についても，探究の過程で形成されていくものとしたほうが適切かもしれません。量的研究では仮説を明確に持ちますが，探究の過程でそれを鍛えていくとする考え方（佐藤郁哉『社会調査の考え方（上）』東京大学出版会，2015年，p.113）に照らせば，一定普遍性はありましょう。

　両者を組み合わせる探究の場合は特に，多様な方法の中から適切なものを選び取る必要があります。その際，依拠すべき学問的背景とその理論的枠組みについて，どれほど自覚的であるのかが問われます。表3－6は，これを一つのルーブリックで対処しようと模索した結果でもあります。

3 まとめ

　本節であげたルーブリックはあくまで評価方法・評価基準の一例であり，学校の実情に応じて，依拠する探究の考え方に応じて作り変えていくことが要求されます。また，生徒に提示する場合も，評価基準や観点を一人歩きさせないように，探究をどのようにとらえるかとともに提示することが大切です。

（大貫　守・福嶋祐貴）

3 評価を生かした指導のあり方
―検討会に焦点を合わせて

  探究的な学習を指導する難しさ

　探究的な学習でどのように指導すればよいか分からないという悩みは、多くの教師がため息とともに共感するところでしょう。なぜこのような悩みが生まれるのでしょうか。

　探究的な学習の特徴は、「問題解決のサイクル」を繰り返すことで、学びを深めていく点にあります（第1章 p.17。西岡加名恵『教科と総合学習のカリキュラム設計――パフォーマンス評価をどう生かすか』図書文化社、2016年、p.59も参照）。つまり、探究的な学習では、「問いを設定する」や「調べ活動を行う」といった学習の段階に応じて、学習者が集めた資料やメモ、作文、発表などをもとにして、グループや個人の学習の状況を把握し、それぞれの学びを深めるための指導が教師には必要とされます。そのため、教科での指導とは質の異なる指導が教師に求められていると言えるでしょう。

　では、探究的な学習では、具体的にどのような指導を行うことが必要となるのでしょうか。本節では、対話をもとに指導を行う検討会に注目して、よりよい指導のあり方について考えます。

　検討会とは、対話を通して学習者の自己評価と教師の評価のすりあわせを行う指導を意味します。検討会は、学習者と教師が1対1の面談形式で行う小規模のものから研究発表会などの大規模なものまで、行われる規模や時期に応じて、様々な形式で行われます。教師には、それぞれの形式の特徴をしっかりと把握し、その意義を十分に理解しておくことが必要とされます。

　以下では、「問題解決のサイクル」に即して、（1）問いを設定する段階、（2）調べ活動を行う段階、（3）活動の成果を発表する段階、という三つの段

第3章　探究的な学習と協働的な学習における評価　121

階で行われる検討会に必要とされる教師の指導について考えてみましょう。

2　問いを設定する段階における指導

　探究的な学習において，どのような問いを設定するかは，その後の学びの深まりに大きく影響します。そのため，この段階の検討会では，比較的小規模な形式で教師が積極的に学習者と対話し，学習者が適切な問いを設定できるように指導することが求められます。

　以下にあげる検討会の例は，教師と児童Ａ（小学校６年生）の間で行われた対話の場面です。この検討会では，学習者のテーマ（関心）にもとづきながら，地域の環境とのかかわりから問いを設定することがめざされました。

　「生き方」というテーマが抽象的で，具体的な方法が見えにくいため，この

┃表３－７　教師と学習者による検討会の事例①

教師：Ａさんは生き方というテーマで，どんなことがしたかったの？ 児童Ａ：人の生き方をまねるのではなく，自分らしい生き方をしたい。中学生に向けて，　　　　どんな夢をもち，どう日々を過ごしていくか考えることは大事だと思った。 教師：Ａさんらしいテーマね。私も大賛成。でも，机に向かってただ考えているだけじゃ　　　　自分の生き方を見つけるのは難しいね。いろいろな人の生き方，伝記なんかを読ん　　　　でみるのもいいね。それから，小説の中に描かれる生き方を調べてみるのもいいね。 児童Ａ：でも，生き方とＸ川とどうかかわってくるんだろうか。それに，生き方と環境は　　　　あんまり関係がないように思う。 教師：環境と人はどうかかわっていくかとか，環境を大事にした生き方とかを考えてみる　　　　のは？ 児童Ａ：ううん，そんな人たちが身近にいるのかな。 教師：ほら，Ｘ川水際公園にはいつもきれいな花が植えられているでしょ。地域のボラン　　　　ティア・グループの方々がしてくださっているのよ。どんな思いでボランティアを　　　　されているのか，インタビューしてみるのもいいね。川をきれいにしようとしてい　　　　る人たちもたくさんいるよ。清掃活動も行われているんじゃないかな。そんな人た　　　　ちの生き方をみるのもいいなぁ。

（宮本浩子・西岡加名恵・世羅博昭『総合と教科の確かな学力を育むポートフォリオ評価法　実践編』日本標準，2004年，pp.15-16を一部修正）

検討会では，テーマの背後にある学習者の思いを探りつつ，問いと方法を明確にすることが教師には求められました。教師はまず学習者の思いに共感し，伝記や小説といったテーマに関わる方法を提案する中で，学習者自身の口から疑問や悩みが出てくるように促し，学習者の問いを明確にしています。その上で，学習者の初めの思いを大切にしながら，地域の環境とのかかわりという視点から，インタビューなどのより具体的な方法を提案しています。この検討会を経て，学習者は地域で活動する人の具体的な姿から生き方をとらえ始めます。具体的には，川を美しくするために，どんな人が関わっているのかを調べ，その人たちへの聞き取り調査へと学習は展開していきました。

　このような対話のケースが想定される一方で，問いを設定する段階の検討会では，以下にあげる対話のように，テーマが具体的なものの，そこから何を見たいのか分からないケースも考えられます。

　この対話の場面では，「金属の発展の歴史」という学習者のテーマは具体的

表3-8　教師と学習者による検討会の事例②

教師：「金属」の発展の歴史と環境を，どう結びつけてみようか？
児童Ｂ：金属とともにおこる生活の豊かさについて，考えてみたいと思った。でも，あまり環境問題とはかかわりがないと思う。
教師：図書館などでは，いろいろな金属の種類や使われ方について調べられるわね。でも，環境ね。実際にどんなところでどのように使われているか，自分の生活の周りを見ることが大事ね。
児童Ｂ：自分の身の回りとは，あまり結びつけてこなかった。
教師：最初のオリエンテーションで言われたことが達成できるかもね。自分の目で見て，自分の肌で感じて……。それに，水際公園でも実際どんな金属が使われ，どう役立っているか調べるのも大事よ。写真に実際の姿を撮りながら。
児童Ｂ：それならできそう。
教師：そして，金属が使われていることのプラス面とマイナス面の両方からとらえてみることができれば，環境問題につながってくるかもね。

（前掲書，p.16を一部修正）

ですが，テーマと地域の環境とをどのように関係づけるかについては，明確なイメージをもつことができていません。そこで，教師は「どう結びつけてみようか？」というようなオープン・エンドな問いかけをまず行い，学習者が自分の言葉で語ることを促しつつ，問いを深めるための具体的な方法についての提案を行っています。この検討会が行われた後，学習者は，実際に水際公園に行き，公園で錆びた鉄が使われていることに気づきます。そこから，錆びを中心に水の中に溶けている金属を調べ，環境問題に迫っていくことになります。

　上記の二つの検討会の例は，テーマの具体性という点では，対照的と言えるでしょう。しかしながら，これらの検討会の中で共通して見られたように，問いを設定する段階では，学習者のテーマと活動の内容や方法が結びついているか，テーマにこめられた学習者の思いや願いを生かすにはどうすればよいか，といった点を念頭におきながら，学習者とともに，より深い学びを導く問いへと洗練させていく必要があります。

3　調べ活動を行う段階における指導

　調べ活動を行う段階においても，問いを設定する段階と同じように，教師が個人やグループと個別に対話し，学習の状況に応じた丁寧な指導ができれば，それに越したことはありません。しかしながら，学級の規模や活動内容などによって，個別に対話し指導することが難しい状況が生じることも予想されます。ただし，そのような状況であったとしても，付箋紙やワークシートなどを用いたり，学習者同士が相互評価する機会を設けることで，学びを深めるための指導を行うことができます。

　たとえば，次ページ図 3 - 3 は，生徒が毎回の授業の成果や感想を書いた付箋紙をもとに作られた新聞です。付箋紙という手軽さも後押しし，学習者それぞれの活動についての内容や進捗状況だけではなく，探究的な学習を行うことで生じる悩みなども率直に書かれています。ここでの付箋紙の役割に見られるように，生徒一人ひとりから意見や質問を受け取る工夫を授業に取り入れることによって，学習者それぞれと面談形式で対話する機会を設けることが難しい

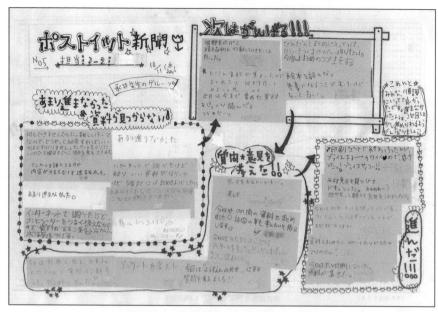

図3−3　付箋紙をもとに作成した新聞例
(田中耕治監『実践！ 自ら考える生徒たち──総合から教科へ、谷口中学校の取り組み』岩波映像，2003年，資料⑥)

場合でも，教師は学習者の学習状況を把握し，直接対話するきっかけを生み出すことができます。

　また，ワークシートを使うことも有効です。生徒が主体的に活動することを重視する探究的な学習では，生徒が何らかの活動を行っていれば，とりあえずよしとしてしまうこともあるかもしれません。そのような場合においても，「当日の活動で分かったこと，発見したこと，体験したことを整理しよう」，「活動を通しての自分たちの考えや意見，感想を整理しよう」といった学習者に自らの活動を振り返らせるための項目や，「これからの活動の取り組みを計画しよう」といったそれぞれの到達点を確認させるための項目を含むワークシートを授業で活用することによって，学習者の自己評価を促すとともに，教師もまたそれぞれの学習状況を把握し，指導へと生かすことができるようになる

第3章　探究的な学習と協働的な学習における評価　125

でしょう。

　学習者同士の相互評価を促す検討会の代表例としては，中間発表会があげられます。中間発表会とは，ある学習者やグループによる調べ活動の中間報告を行う機会を設け，学級全体で検討する方法です。個人やグループから，中間報告が行われた後で，他の学習者が発表内容に関する質問を投げかけたり，意見を述べたりします。学習者同士の対話を通して，発表を行った学習者やグループが活動内容をよりよくするための気づきを得ることができます。さらに，他の学習者にとっても，自らの学びを深めるために必要な条件を学ぶことにつながります。

　学習者同士の検討会では，学習者が対話の主体となるため，教師が思いもよらない方向に対話が進む可能性もあります。そのため，学習者の気づきに偏りが見られる場合などは，別の視点に気づかせるための働きかけが教師には求められます。たとえば，いくつかの中間報告を取りあげて，「どちらの活動内容が充実していると思う？　それはなぜ？」と問いかけることや，調べ活動を始めたばかりのころの活動内容とその後の活動内容を比較させることで，学習者同士の話し合いを活発にし，どのような調べ活動が望ましいのか，その具体的なイメージを学習者がつかむことができるようになります。

4　活動の成果を発表する段階における指導

　探究的な学習における活動の成果を発表する段階では，保護者や地域住民を学校に招いて，学級や学年などの大きな集団のなかで発表会を行い，そこで検討会を行うこともできます。学習者は保護者や地域住民と対話することによって，活動内容に対する評価を様々な視点から得ることができます。そのような機会は，学習者にとって日ごろの学習の成果を発表する晴れの舞台にもなるでしょう。

　大規模な発表会の場を設けることは，現実的にはなかなか難しいかもしれません。ただし，そのような発表会の場を設けなくても，授業内容を工夫することで，保護者と学習者の間に，対話する機会を設けることができます。たとえ

ば，作品について保護者と話し合ってくるように学習者に指示し，学校から持ち帰ったワークシートに保護者がコメントを付けるようにします。これによって，保護者と学習者との間に対話が成り立ちます。もちろん，その際には，保護者が何をすればよいのかが分かるように，手紙やプリントを使って，分かりやすく説明することが必要になります。しかしながら，このような検討会の場を設けることで，保護者は学習者が学校においてどのように学びを深めているのかを具体的に知ることができます。

5 まとめ

　本節では，探究的な学習での活動の段階に合わせて，それぞれの段階で行われる検討会の特徴と指導上の注意点を見てきました。各段階における対話の主体に着目すると，その主体が，教師と学習者から学習者同士，保護者や地域住民といった第三者と学習者というように，範囲を広げながら移り変わっていることを見てとることができます。もちろん，どの段階においても教師が学習者と対話し指導することは重要になります。ただし，この移り変わりに応じて，指導のあり方を適宜変えていくことも意識しておく必要があると言えるでしょう。

　これらの検討会を通して，学習者が単に様々な価値観を学ぶことをめざすのであれば，段階的に具体化された評価基準を設定する必要はありません。しかしながら，探究的な学習での学びをより深めるためには，教師だけではなく，学習者や保護者もその評価基準を共通に理解した上で活動を行う必要があるでしょう。そのような共通理解のためには，ルーブリックやチェックリストなどが有効になると考えられます。

　また，本節の冒頭で述べたように，探究的な学習では「問題解決のサイクル」を繰り返すことで，学びを深めていくことが求められています。それは，本節で見てきた「問いを設定する段階」「調べ活動を行う段階」「活動の成果を発表する段階」というそれぞれの段階は一度きりのものではないということ，つまり，この三つの段階を循環させながら，学びを深める必要があるというこ

とを意味していると言えるでしょう。

　そのため，学習者は探究的な学習を通じて，自らの問いを何度も設定し直す必要があり，その問い直しに応じて，調べ活動の内容や方法も何度も見直さなくてはなりません。言い換えると，学習者が様々なとらえ直しを行い，学びを深めることに合わせて，教師もまたそれぞれの段階で求められる指導の質を問い直すことが要求されています。探究的な学習において，教師には，活動の段階と学びの質の深まりという二つの側面に応じた指導を行うことが求められているのです。

（本宮裕示郎）

4 協働的な学習の評価のポイント

1 協働的な学習の何を評価するのか

(1) 協働の目的を明確化する

アクティブ・ラーニングでは，学習者の協働が重要な鍵を握ります。協働的な学習によって，学習が楽しくなったり，多様な見方が得られたり，お互いを高め合ったりすることができます。

しかし，協働させることがそのまま質の高い学習を保障することにつながるわけではありません。学習者相互でのやりとりが十分になされなかったり，盛り上がっているようで実際には何も成果が上がっていなかったりといった事態に陥る可能性があります。

協働的な学習を評価することは，協働の自己目的化を避け，学習の質を高めていくための方途の一つです。このことは同時に，協働的な学習の評価は，形成的評価として学習の質を高める目的で用いるものであって，成績づけのために実施するものではないということを意味します。

協働的な学習の実施と評価にあたっては，まず，学習者たちが何のために協働するのか，教師が何のために協働させるのかをはっきり自覚しておく必要があります。確かに協働での学習が人間にとって不可避で自然だとする議論もありますから，ただ協働させるだけでも一定意味はあるでしょう（たとえば，Johnson, D. W. & Johnson, R. T., *Assessing Students in Groups: Promoting Group Responsibility and Individual Accountability*, Thousand Oaks, CA: Corwin Press, 2004, p.7）。しかし協働の目的が不明確では，いくらアクティブでもただ騒がしいだけで終わってしまうばかりか，何を学習するのか，何を評価するのかも不鮮明になってしまいます。

協働の目的は様々です。たとえば次のような目的と形態が考えられます。

① 全員が自らの目標を達成できるようにするために，グループの中でお互いの学習を助け合い，励まし合う。

② 独りではできないような作品を作り上げるために，グループの全員で団結して共同作業に取り組む。

③ 独りだけでは思いつかないようなアイデアに至ったり，新たな知識を創り出したりするために，グループの仲間と対話・議論する。

それぞれについて，評価する観点は異なります。ここでは，学習の成果物を評価する「プロダクト評価」と，学習の過程に注目して評価する「プロセス評価」とに分けて考えてみます。協働的な学習は特に，プロダクト評価だけでは評価しきれないので，プロセス評価で協働の質をとらえることも必要です（松下佳代「アクティブラーニングをどう評価するか」松下佳代・石井英真編著『アクティブラーニングの評価』東信堂，2016年，p.13）。

（2） 協働の成果物を評価する（プロダクト評価）

まず①の場合，個々の学習の成果物が対象になります。このとき，協働的な学習としては，グループの全員が目標を達成できているかどうかが問われます。得点をつけるなら，個人の得点とグループの得点とを合計する方法や，グループの得点をそのまま個人の得点とする方法が考えられます（関田一彦・渡辺貴裕・仲道雅輝『教育評価との付き合い方——これからの教師のために』さくら社，2016年，pp.70-71）。

②では，力を合わせて作り上げた作品の質が評価対象となります。共同作業ならではの成果が問われるでしょう。グループのパフォーマンスの質がいかに高いかという視点で評価がなされるわけです。ただしこの場合，①とは異なり，成果物を見るだけでは個々の学習者は評価できません。

③だと，創り出したアイデアや知識が成果物になります。その新奇性や独自性，視野の広さなどが質的に評価されます。グループの成果として見ることも，個人の成果として見ることも考えられましょう。

学び合いの産物で個人を評価するのは不平等かもしれません。しかし一方で，宿題などが助力を前提としているからとして是認する考え方（Johnson & Johnson, *op. cit.*, pp.3-5）や，他者とのやりとりをも含めた評価に意義を見出す考え方（ダイナミック・アセスメント）があるのも事実です。

（3） 協働の過程を評価する（プロセス評価）

協働的な学習では，プロダクト評価だけではとらえきれない協働のありようを評価することが必要になります。このプロセス評価こそ，協働的な学習の評価の中核であると言えるかもしれません。

先の三つのうち，①では，各自が目標を達成するまでの過程で，適切な形で助け合い，励まし合っていたかどうかが主な観点となりましょう。一方的に助ける学習者もいれば，その逆もいます。助ける側の学習者に関しては言葉のかけ方や共感の仕方，思考への寄り添い方などが評価のポイントとなるでしょう。一方で助けられる側の学習者に関しては，助けの求め方，聞き入れ方，頼り切りにならない姿勢などが観点となるかもしれません。こうした観点を立てるにあたっては，たとえば「ソーシャルスキル」の概念が参考になります（相川充『新版　人づきあいの技術——ソーシャルスキルの心理学』サイエンス社，2009年を参照）。

②では，作品が完成するまでの過程において，自分にできる限りの貢献ができたかというのが観点として重要です。作品自体は1つですから，作品の質に対する評価はグループの全員が一律に受け取ることになります。すると，果たして本当にグループの全員が共同作業に参加していたのか，その参加の質が平等だったのかが問題となります。協働的な学習では，他の人に作業を任せてその恩恵に与る（「社会的手抜き（social loafing）」）だけの学習者や，逆に参加の難しいメンバーを無視して作業を進める学習者によって，「責任の拡散（diffusion of responsibility）」が発生することがあります（Slavin, R. E., *Cooperative Learning*, New York: Longman, 1983, p.14）。このような事態にあっては，全員が一律に評価されるというのは不公平でしょう。

第3章 探究的な学習と協働的な学習における評価 131

　これを防ぐためには，「個人の責任（individual accountability）」の保障により，全員が参加できるようにすることが不可欠です。「個人の責任」は，こうした共同作業の場合，自分の持ち分に対してしっかり責任を持って成し遂げなければならないようにするという概念を意味します。

　「個人の責任」を保障するための方策の一つとして，活動を分担し，役割責任を負うようにするということが考えられます。この場合，活動に不可欠な役割を設定することが必要です。評価の際は，自分の役割を認識して参加しているかどうかは共通の観点となりえますが，役割によって各自の貢献の量・質が異なるということに留意が必要です。他に，作品や過程を示すノートにおいてそれぞれの貢献した箇所を明示させたり，個人に作品についての質問をランダムに投げかけたりといったこともあげられます。

　最後に③では，いかに仲間の意見を尊重し，誠実に向き合えていたかという観点が考えられるでしょう。科学的な議論・批判に対する価値観もポイントになるかもしれません。また，このように対話の過程での協働に着目する場合，実際にどのようなやりとりが交わされているのかも評価の対象になりえます。口頭でのやりとりは形に残らないため，学習の過程で学習者たちがどう影響を及ぼし合っているのかを評価することには限界がありました。しかし近年では，学習科学の展開により，対話を通じて学習がどう深まったのかを記録・分析するという試みもなされるようになってきています（たとえば，三宅なほみ・益川弘如「新たな学びと評価を現場から創り出す」P．グリフィン・B．マクゴー・E．ケア編著（三宅なほみ監訳）『21世紀型スキル――学びと評価の新たなかたち』北大路書房，2014年，pp.223-239や，R．K．ソーヤー「協働的ディスコースの分析」R．K．ソーヤー編著（森敏昭・秋田喜代美監訳）『学習科学ハンドブック』培風館，2009年，pp.143-156を参照）。

　以上のように，学習者たちによる協働そのものを評価することで，協働的な学習をより効果的なものにするための指導の方途が示唆されます。例えば協働性に課題があるのなら，協働するスキルそのものを直接的にトレーニングしたり，仲間の学習が自分にとってもプラスになるということを意識できるような

集団づくりを進めたりするということが考えられます（D．W．ジョンソン・R．T．ジョンソン・E．J．ホルベック（石田裕久・梅原巳代子訳）『学習の輪——学び合いの協同教育入門』二瓶社，2010年を参照）。

　ただし，そうした協働性を評価するとき，いずれのケースにおいても，それでもって成績をつけるということがあってはなりません。協働性の評価は，個々の性格や家庭環境なども影響する，全人評価だからです。また，協働の意義について十分に共通理解が図れていない状態で成績に加味してしまうと，協働する相手によって成績が左右されてしまうという不公平感が生じかねません。協働性の評価は，あくまで形成的評価として，次の学習を効果的なものとすることに目的を限定し，個性に配慮して行うべきです。

　協働的な学習を評価するにあたっては，グループとしての評価に加えて，多岐にわたる場面の中の個別的なポイントを，時には協働の過程で，それぞれの学習者について同時に，とらえることになります。そうなると教師が独りで取り組むのには限界があります。そこで次に，誰が協働的な学習の評価を行いうるのかについて考えてみたいと思います。

2　協働的な学習を誰が評価するのか

（1）　教師が評価する

　ここまで評価の方法として述べてきた，観察や個別の質問，対話過程の分析などは，いずれも教師による評価を想定しています。プロダクト評価だけでなくプロセス評価についても，いくら限界があるとはいえ，評価を行う者としてまず考えられるのは教師でしょう。

　教師が協働的な学習の評価を行う際は，手段や視点の制約以外に，「社会的促進（social facilitation）」や「観察者効果（observer effect）」の存在にも自覚的であるべきです。「社会的促進」は，他の人と一緒に作業をしていると，その存在が刺激になり，作業に影響を及ぼすという現象のことです。「観察者効果」とは，観察される人が自分は観察されているのだと意識したとき，その振る舞いに変化が生じるという効果を言います。

第3章　探究的な学習と協働的な学習における評価　133

　たとえば，自分の取り組みが評価されると意識している場合，課題がなじみのあるものであればパフォーマンスは向上しますが，課題が新しく出合う複雑なものであった場合には低下するということが分かっています（Johnson & Johnson, *op. cit.*, p.13）。ここから二つのことが示唆されます。一つは，課題が単純で個別に目標達成が問われる場合は教師による評価が効果的でありそうだということです。もう一つは，独力では太刀打ちできないような複雑な課題にグループで取り組んだり，グループで作品を創り上げたりする場合には，いかにも評価しているという様子で，教師が観察したり個別に質問したりすべきではないということです。

　協働的な学習の評価を教師の独力で行うには限界があり，行おうにも課題によってはそれが障害となりうるのであれば，どうすればよいのでしょうか。この問題は，保護者や地域住民，フィールドワークの訪問先の人々など，教師以外の大人が学習者がプロセス評価に参加したとしても同様に生じます。そこで解決の方途として光が当たるのが，仲間や自身による評価です。

（2）　仲間が評価する（相互評価）

　仲間による評価，あるいは「相互評価（peer assessment）」とは，ある学習者の取り組みを，対等な立場にある他の学習者（仲間）が評価するということを言います。協働的な学習の文脈で言えば，ある学習者の取り組みを，同じグループで一緒に活動している仲間が評価するということです。

　協働的な学習では通常，グループは複数編成されます。そのため，教師が活動を観察して評価する場合，どうしても観察が断片的になり，見落とすポイントも生じがちです。一方，同じグループで協働している仲間は，お互いの活動の仕方や，活動への参加の度合いを一番近くで見ています。もちろん全員の取り組みを精細に見ることはできませんが，教師による観察を補完するという点でも，多様な目で評価が行えるという点でも意義はあるでしょう。

　単に評価の効率と緻密さを高めるだけではありません。相互評価を通して，他の学習者の学習に触れ，あるいは評価基準を実際に使ってみることを通して，

そこから学べるという意義も考えられます。つまり，自分の学習をよりよくするために，相互評価が豊かな学びの機会になるということです。

　ただし注意すべき点もあります。学習者全員が評価に熟達してはいません。その中で，拙いながらも評価に向き合おうとする学習者もいれば，自分のことで手一杯である学習者や，仲間の評価にさほど重要性を認めない学習者もいるでしょう。また，仲間を高く評価しなければならないとするケースも想定されます。逆に学習者が自分を相対的に高めるために，仲間への評価を抑える可能性も指摘されています（日本教育工学会監修『教育工学における学習評価（教育工学選書8）』ミネルヴァ書房，2012年，p.14）。

　このように相互評価は，現実にはなかなかうまくいかないこともあります。しかしうまくいかないときこそ，各学習者の評価のズレを生かすことで，協働的な学習の評価について考えるという学習が可能です。そうした学習を通して，「仲間に対する評価はお互いの成長にとって意義がある」ということを認識させれば，相互評価は真価を発揮していくと言えるでしょう。

（3）　自身が評価する（自己評価）

　自身による評価，あるいは「自己評価（self assessment）」は，その名の通り自分の取り組みを自分自身で評価することを言います。どれほど協働できたか，グループに貢献できたか，考えを深められたかなどについて，自分自身を見つめ直すということです。相互評価すら，ともすれば「観察者効果」のもとになるかもしれません。その意味で，自己評価は他者から干渉されずに協働性を評価できそうです。

　ただし，低い自己評価をつけることで損をするというような評価観を学習者が持っているという可能性も指摘されています（E．F．バークレイ・K．P．クロス・C．H．メジャー（安永悟監訳）『協同学習の技法──大学教育の手引き』ナカニシヤ出版，2009年，p.74）。評価の意義を学習者たちが認識することがやはり必要であると言えます。

　自己評価を行わせ，それを教師による評価とつなげて生かしていくためには，

同じ評価規準のもとで評価を行うことが効果的でしょう。同じ規準のもとで，自分と仲間とを比較し，自分の取り組みを評価するということです。その際，仲間との比較を行うためには，自分だけでなく仲間のパフォーマンスをも注意深く見る，すなわち相互評価をする必要があります。協働の意義や評価の持つ意味，そして評価規準を学習者たちの間に共通認識として浸透させ，成績づけではなく形成的評価として，教師による評価と，学習者による相互評価・自己評価を生かしていくことが求められます。

3 まとめ

　本節では，協働的な学習の評価には，何のために協働するのかを明確化し，それに応じて評価の観点や方法を考えるということが大切であるということ，そして効果的でできるだけ抜け目のない評価を実現するために相互評価や自己評価を用いるということについて考えてきました。

　本書で紹介しているルーブリックやポートフォリオは，協働的な学習の評価においても効果的です。ルーブリックは，プロダクト評価における質的評価の基準としてのみならず，相互評価や自己評価といった形での学習者たちの評価への参画にも役立ちます。一方でポートフォリオは，グループに対する個人の貢献を明確にし，協働の姿を何らかの形で残す上で有効でしょう。

　協働的な学習を通して，多様な視点が獲得でき，お互いを高め合うことができ，学習を活動的で魅力的なものとすることができます。だからこそ，協働が自己目的化してしまうことは避けなければなりません。アクティブ・ラーニングの時代だからこそ，評価によって学習者の協働を形成的にとらえていくことで，協働的な学習の真価を発揮させ，その質を高めることが不可欠だと言えるでしょう。

（福嶋祐貴）

5 ポートフォリオ評価法の進め方

1 ポートフォリオ評価法をどのように行うか

　本節では，教師の視点に立って，ポートフォリオ評価法の具体的な進め方を，設計の段階と実践の段階に分けて説明します。

　ポートフォリオ評価法は，学習者自身が学びを自覚し，自律的に学習の力を育てることができますが，そこには指導する教師による適切な設計と導きが欠かせません。「とりあえずファイルを用意して，授業の資料を入れさせていく」ではポートフォリオ評価法は成立しません。それでは，ポートフォリオ評価法を行う際に教師や学習者自身がしばしば突き当たる「ファイルに何を入れていいか分からない」，「ファイルに資料はたまったがどうしたらいいか分からない」という状態になってしまうでしょう。

　ポートフォリオ評価法を行うにあたって，教師は単にポートフォリオを見て評価を行うだけではなく，目標設定，ファイルに入れるべき作品や資料（内容

表3-9　ポートフォリオ評価法を行うために教師が考えておくべきこと

1．ポートフォリオの設計段階（どんなポートフォリオにするのか）
①　学習目標と評価の位置づけ（なぜ作るのか／どんな力を評価するのか）
②　ポートフォリオの内容物と型（何を残すのか／その決定権者は誰か）
③　ポートフォリオの容器（どこに残すのか）
④　実施時期（いつ，どの期間で作るのか）
2．ポートフォリオの実践段階（どう導いていくのか）
⑤　事前説明の方法（どのようにして，学習者と見通しを共有するのか）
⑥　編集の方法（蓄積された内容物を，どのように編集させるか）
⑦　検討会や批評会の時期と方法（いつ，どのように自己評価を促すか）

物）を系統的・計画的に集めるための道すじの構想，学習者への説明，ファイルの準備，学習者との検討会など様々な場面に関わる必要があります。そこで，教師が事前に考えておくべき項目を記したものが先の表です。以下，それぞれの項目について，注意すべきポイントにも触れつつ順に紹介していきます。

2 ポートフォリオの設計段階

　ポートフォリオ評価法は，総合学習の時間に行うことも，各教科の時間に行うことも，さらには教科横断的に行うことも可能です。そこで，まず何の時間を利用して，どういった力をつけるためにポートフォリオを作成するのかを教師が考えます。たとえば，「社会科の時間を利用して，様々な意見がある中から，自分の考えを論理的に述べる力をつける」といった目標にあたる部分です。

　これに応じて，次にポートフォリオには何が入れられるべきかを検討することになります。つまり，求める力が身に付いているかを見るには，どのような作品が収められているべきかということを考えます。ポートフォリオに入れる作品やその評価規準（基準）は教師が決定するとは限りません。教科指導の中で用いられることの多い基準準拠型ポートフォリオであれば決定権者（所有権者とも呼ばれます）は教師にあり，評価についてはパフォーマンスの到達度合いを示すルーブリックを準備したほうがいい場合もありますが，総合学習で用いられることの多い基準創出型ポートフォリオであれば教師と学習者の話し合いで決め，最良作品集ポートフォリオでは学習者が決めることになります。したがって，どのような型のポートフォリオを用いるかによって，教師の設計内容は大きく変わってきます。ただし，どの型のポートフォリオであっても，作品だけでなく，自己評価の記録，教師の指導と評価の記録の三つが入っている必要があります。また，いかに学習者が収める作品や評価規準（基準）の決定に主体的であるとしても，教師は作品を作るための機会の創出も考えながら，ある程度の作品やその出来についての見込みを持つことが求められます。いつ，どのようなものがポートフォリオに収められていくのか，設計時に教師が予定表を作成しておくことも有効でしょう。

次に，ポートフォリオの容器について考えます。作品や資料といった内容物は，立体物やデジタル・データなど，紙資料とは限りません。したがって，容器としては画用紙を二つ折りにしただけのもの，二穴ファイル，クリア・ファイル，箱や引き出しに加え，パソコンや学校のサーバー，クラウド上に保管したりするなど，様々な形が考えられます。たとえば，クリア・ファイルには立体物が入らないという欠点もあるものの，目次を教師が設定した基準準拠型ポートフォリオであれば「どのポケットの成果物が足りていないか」が一目で分かるといった利点もあります。そこで，想定する内容物と使い方に応じた容器を検討する必要があります。どの容器を用いるにせよ，クラスで共通の容器を用意させたほうが，説明においても，共同作業をする上でも利点は多いでしょう。また，プリントのサイズがまちまちだと乱雑になりがちなので，教師がＡ４サイズに統一するなどの配慮をすることも望まれます。さらに，ポートフォリオに収める成果物や評価については，ファイリングが進むうちに作品の前後が分かりにくくなるため，日付やナンバーを入れる習慣をつけさせることも有効です。指導にあたる教師は，作成するプリントに日付を記載するといったことで，継続的な評価を支援することもできます。

ポートフォリオを，いつ，どの期間で作るのかということについては，学習内容に応じて検討します。たとえば中学校３年間で１つのポートフォリオを作成すれば，長期的な成長を評価しやすいですが，各学年で１つずつ，合計３つのポートフォリオを作成すれば，経験を積みながら段階的にポートフォリオをより活用できるようになるとも考えられます。

3 ポートフォリオの実践段階

教師はポートフォリオづくりを学習者との共同作業とするために，学習者への事前説明，編集作業の支援，検討会の実施などのプロセスを通して，学習者の取り組みに寄り添っていくことになります。

（1）　学習者に対する事前の説明

　事前の説明の大目標は「見通しを学習者と教師で共有すること」であり，次のようなことを教師と学習者が共通の認識にしておく必要があります。

- ・何のためにやるのか
- ・いつまでにやるのか
- ・どんなものを入れていくのか
- ・どういった規準（基準）で評価を行うのか
- ・どんな効果が期待できるのか

　特に基準準拠型ポートフォリオであるなしにかかわらず，どんなポートフォリオが優れていると考えられるかといった価値判断の規準（基準）については共有しておきたいところです。学習者は，見栄えがよく，ミスの少ない成果物が収められたものが優れたポートフォリオであるという認識も持ちがちです。そこで，何を収めるべきかということを教師が学習者に問いかける方法もあります。これを通して，自分に足りないものが分かる作品，振り返ることが有意義な作品を残すことに気づくという場合もあります。

　ところで，ポートフォリオ評価法を新たに導入する際，まず突き当たる困難として，教師が意義を説明することも，学習者がそれを理解することも難しいという声をよく耳にします。見通しを持つことに加えて，ポートフォリオづくりを行うにあたっては，それを提案する教師だけでなく，学習者自身が「やってみようかな」という気持ちになっていることがとても大切です。そうでなければ，ポートフォリオは教師から命じられる一方的な課題として認識され，指示されたものだけをとりあえずファイリングするだけのただの容器となってしまいがちです。これを用いた自己評価のための振り返りも行われにくいことでしょう。この点においても，事前の説明が大きな役割を担っています。

　しかし，自己評価の力を育てることができるという意義を教師がアピールするだけでは，学習者に十分に動機づけを行うことが難しいのは無理からぬことです。これは，他人に自分の能力をより良く見せることで就職や仕事の受注につなげるといった明確な目的のもとで作成される芸術の分野のポートフォリオ

とは少し事情が異なっています。そこで，教師は学習者の心に届くように，いくつかの側面から意義をさらに噛み砕いて語ることも必要になるでしょう。たとえば，次のような有用性もあげられます。

・テーマを決めて継続的に見ることによって，自分の弱点や足りないものに気づきやすくなり，将来的にも大切な「自己分析の力がつく」
・たとえば半年前の作文と最近の作文を見比べたり，新たに物事を学んだ経緯を知ったりすることによって「自分の成長が分かり自信がつく」
・弱点や成長を知ることで，目標とそこに至る道すじが立てやすくなり「目標に向けて頑張りやすくなる」
・就職や進学，共同研究などの機会において，他者に自分の力や実績，興味のあることなどを紹介するための「自己アピールに使える」

スポーツの世界では日々の活動を記録する練習ノートの利用が広まっています。学習者によっては，記録と振り返りの重要性をスポーツの経験から喚起することもできるでしょう。さらにもう一つ，京都大学の教職課程において作成が薦められるポートフォリオの例もあげておきます（西岡加名恵・石井英真・川地亜弥子・北原琢也『教職実践演習ワークブック──ポートフォリオで教師力アップ』ミネルヴァ書房，2013年）。学習者である学生たちは，最初にポートフォリオの説明や目次となる紙の入った手引書を渡され，与えられた基準に従って内容物を収めていきます。ここでは，手引書や教師の説明に加えて，既にポートフォリオを作成し，教育実習の経験も積んだ数名の学生から，ポートフォリオづくりのコツや作ってよかった点についての説明も受けます。当初は多くの学生が手引書を見て「面倒そうだな」と感じるものですが，年齢の近い先輩からの実物を使った説明でよりポートフォリオのイメージを明らかにしています。さらに，「教員採用試験や就職活動の際にも使えそうだな」「なんだか楽しそうだな」「一から全部作るのではなく，以前に書いたレポートなど，既にあるものを整理していくことである程度はできそうだな」といった感情が生まれ，動機づけを助けています。義務感や有用感以外にも，お手軽感や憧れを喚起するといった方法は，大学生に限らず有効に働くでしょう。

第3章　探究的な学習と協働的な学習における評価　141

（2）　蓄積した内容物の編集

　検討会においても，教師との対話によってポートフォリオの整理が行われます。しかし，検討会をより効果的なものにするために，その前に学習者自身が何らかの形でポートフォリオを整理する機会が必要になります。この段階を，編集と呼びます。ここでも自己評価の力を育てることがめざされますが，直接的には，検討会で見せる作品を選ぶこと，伝わりやすいように整理することが目的になります。教師は様々な編集方法の中から，状況に応じた編集方法を説明・提案します。

　たとえば，欧米では日常的に資料をためておくワーキング・ポートフォリオからパーマネント・ポートフォリオへ必要な作品を移し，並び替えるという方法が用いられます（つまり，最初からポートフォリオには二段階のものがあるという想定がされています）。一つのポートフォリオだけを用いてこれを整理する場合も，並び替えだけでなく，題目や目次づくり，まえがきやあとがきの執筆，ポケットがあれば見出しをつけさせること，一番見てもらいたい作品を各ポケットの外側に入れなおすこと，作品に付箋紙を使って「発見」や「優れた点」，「苦労したこと」や「失敗」などの視点でコメントをつけさせることなど，様々な編集の方法があります。

（3）　検討会の実施

　ポートフォリオ検討会は，学習者と教師がポートフォリオを用いつつ学習の状況について話し合う場です。検討会のねらいは，教師の規準（基準）と，学習者の規準（基準）をすり合わせることで，今までに何ができたか（到達点）を確認し，課題と目標を明確にすることにあります。その際，教師が口火を切って評価を伝えていくのではなく，学習者の言葉を待つことによって自己評価を引き出すことが重要です。時には，学習者自身も気づいていないような内容物からも，教師が目標との関連を指摘できることもあり，検討会を通して新たな気づきを促すこともあるでしょう。こうして，検討会を経て学習者が得た気づきや教師からのコメントや評価も，ポートフォリオに収めます。

ポートフォリオ評価法は，一人ひとりの学習実態を見つめることができる反面，手間もかかります。特に検討会の負担は教師にとっては大きいでしょう。しかし，形式を工夫することで負担を軽減することも可能です。

　基本的に検討会は，ポートフォリオを前に置いて，学習者と教師が隣に座って１対１の形式で進められますが，多数の学習者が同時に参加する作品批評会の形で行うことも可能です。たとえば，教科学習のポートフォリオにおいて，ルーブリックづくりを通して明らかになった評価規準（基準）が具体的に伝わるような事例をいくつか見せつつ，「どちらの作品がいいだろうか？」「それはなぜか？」と問いかけ，話し合わせ，その過程で明らかになった評価規準（基準）を板書で整理するとともに，それらと照らして自らの作品を振り返らせ，既に達成している点と改善すべき点を確認させるといった一斉指導の中での検討会の方法も提案されています（西岡加名恵『教科と総合学習のカリキュラム設計──パフォーマンス評価をどう活かすか』図書文化，2016年，pp.128-129)。ここでも，学習者同士で話し合いをさせるだけでなく，教師が間に入ります。特に，学習者同士でポートフォリオを見せ合い，評価し合うという学習者任せの検討会形式では，活発な議論が行われる一方で教師の示す評価規準（基準）が十分に伝わっていない場合もあるので注意が必要です。

　このように，検討会とは改まった会である必要はありませんが，その代わり１回きりではなく，必要に応じて定期的な実施が望まれます。なるべく，編集，検討会というプロセスを効果的に活用しつつ，ポートフォリオを見返し，学びを振り返る機会を増やすことが大切です。

4　ポートフォリオ評価法を活用する場面の広がり

　教育分野におけるポートフォリオは，教師にとっては学習者の学びと自らの日常の指導のあり方を評価し，改善をはかるために，かつ学習者にとっては自己評価を促すために用いられます。そこで，ポートフォリオ評価法の実施時期については，学習の始まり，途中，締めくくりの各段階において，意図的・系統的に行うことが求められます。これは，ポートフォリオ評価法が学習実態の

把握,形成的評価,総括的評価のそれぞれに活用できることを意味しています。

最後に,ポートフォリオ評価法のもう一つの活用方法として,学習者の学びを保護者や地域,上級学校といった学外へ「開く」可能性があることを指摘してお

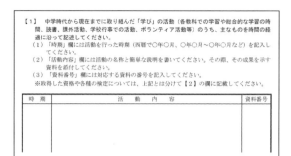

図3-4 「学びの報告書」(平成28年度,一部抜粋)

きます。保護者や地域に対しては,ポートフォリオが学習者の学びについての具体的な証拠として,学校の説明責任を果たすために役立てることができます。上級学校への接続については,日本の選抜制度は現状ペーパーテストが中心的であり,ポートフォリオそのものを選抜でアピールできる機会はまだそう多くありません。しかし,様々な入試方法が大学でも模索される今,たとえば京都大学教育学部特色入試で必要な「学びの報告書」(http://www.nyusi.gakusei.kyoto-u.ac.jp/tokushoku/download/)のような場面で,直接的な活用の場が増えていくことも予想されます。ただし,この点を過度に強調して動機づけを行うことは,見栄えのよい作品だけを残すことがめざされたり,入試に使えるか使えないかで内容物を取捨選択させてしまったりすることにつながりかねないため,注意も必要です。たとえば高等学校において,定期テストや模擬試験,添削を受けた小論文,志望校の過去の入試問題をファイリングさせ,振り返りを行うこともまたポートフォリオ評価法となりえます。むしろ,教師と学習者が共通の素材によって評価をすり合わせ,評価する力を高めつつ目標に近づくという本来のポートフォリオ評価法の意義にこそ注目して活用することで,上級学校への道はより開かれることでしょう。

(次橋秀樹)

【編著者紹介】

西岡　加名恵（にしおか　かなえ）
京都大学大学院教育学研究科教授。バーミンガム大学にて Ph.D.（Ed.）を取得。鳴門教育大学講師を経て，現職。専門は教育方法学（カリキュラム論，教育評価論）。日本教育方法学会常任理事，日本カリキュラム学会理事，文部科学省「育成すべき資質・能力を踏まえた教育目標・内容と評価の在り方に関する検討会」委員など。主著に，『教科と総合学習のカリキュラム設計』（単著，図書文化，2016年），『新しい教育評価入門』（共編著，有斐閣，2015年）など。

【執筆者一覧】（掲載順）

山本はるか	帝塚山学院大学教職実践研究センター助教
鋒山　泰弘	追手門学院大学心理学部教授
石井　英真	京都大学大学院教育学研究科准教授
大貫　守	京都大学大学院教育学研究科博士後期課程・日本学術振興会特別研究員
小山　英恵	鳴門教育大学大学院学校教育研究科准教授
北原　琢也	京都大学大学院教育学研究科特任教授
徳島　祐彌	京都大学大学院教育学研究科博士後期課程・日本学術振興会特別研究員
赤沢　真世	大阪成蹊大学教育学部准教授
中西修一朗	京都大学大学院教育学研究科博士後期課程・日本学術振興会特別研究員
福嶋　祐貴	京都大学大学院教育学研究科博士後期課程・日本学術振興会特別研究員
本宮裕示郎	京都大学大学院教育学研究科博士後期課程
次橋　秀樹	京都大学大学院教育学研究科博士後期課程

「資質・能力」を育てるパフォーマンス評価
アクティブ・ラーニングをどう充実させるか

2016年10月初版第1刷刊 2017年6月初版第5刷刊	©編著者　西　岡　加　名　恵
	発行者　藤　原　光　政
	発行所　明治図書出版株式会社
	http://www.meijitosho.co.jp
	（企画）及川　誠（校正）西浦実夏
	〒114-0023　東京都北区滝野川7-46-1
	振替00160-5-151318　電話03(5907)6704
	ご注文窓口　電話03(5907)6668

＊検印省略　　　　　組版所　株式会社アイデスク

本書の無断コピーは，著作権・出版権にふれます。ご注意ください。

Printed in Japan　　ISBN978-4-18-258917-1
もれなくクーポンがもらえる！読者アンケートはこちらから →